**다문화 사회에서
세계시민으로 살기**

일러두기

1. 이 책은 《표주박나라 문제(ひょうたん島の問題)》(후지와라 다카아키, 아카시출판, 2021)의 한국어판이다.
2. 2부 이론 편과 3부 자료 편은 '일본의 다문화 현황과 이민 역사'처럼 일본 독자를 대상으로 한 원서의 사례와 자료 등을 저자의 허락을 구해 감수자와 유네스코 아시아태평양 국제이해교육원이 한국의 사례와 자료로 대체하였다.
3. 저자의 허락을 구해 원서에서 사용된 일부 용어를 친숙한 한국어 표현으로 바꾸었다.
4. 인명, 지명의 우리말 표기는 대체로 국립국어원 외래어표기법을 따랐다.
5. 단행본과 정기간행물은 겹꺾쇠 《 》, 영화, 일간지는 홑꺾쇠 〈 〉, 논문과 짧은 글은 큰따옴표 " "로 구분했다.
6. 외국 도서의 제목은 최대한 원어의 느낌을 살려 번역했다. 국내 번역본이 있는 경우 번역본의 한글 제목을 우선했다.

다문화 사회에서 세계시민으로 살기

갈등을 공존으로 바꾸는
· 해결책을 찾아서 ·

후지와라 다카아키 지음
세계시민 도서번역연구회 옮김
유네스코 아시아태평양 국제이해교육원 · 김선미 감수

다봄교육

《표주박나라 문제》의 한국어판인 《다문화사회에서 세계시민으로 살기》를 출판하게 되어 정말 기쁩니다.

한국어판 출판은 2021년 5월, 유네스코 아시아태평양 국제이해교육원(APCEIU)의 교사 연구회 '세계시민교육을 위한 도서번역연구회' 대표교사이자 경기도 라온고등학교 김난영 일본어 교사가 출판사 아카시(明石)서점에 아래와 같이 이 책의 번역에 관해 문의하면서 시작되었습니다.

"저는 일본 사이타마(埼玉)시에 위치한 국제교류기금 일본어 국제센터에서 개최한 '한국 중등 교원 교육(2019년 7월 16일~8월 14일)'에서 한국의 일본어 교사 34명과 함께 일본어 교육에 관한 연수를 받았습니다. 오후네 치사토(大船ちさと) 선생님의 세계시민 역량을 키우기 위한 '핵심 능력 형성'이라는 교육 시간에 선물로 받은 책이 바로 후지와라 다카아키 선생님의 《표주박나라 문제》라는 시뮬레이션 교재였습니다. 한국에 돌아와 이 책을 읽고 시뮬레이션 수업의 교육적 설계에 깊은 감명을 받았습니다. 내용도 재미있어서 한 번에 읽을 수 있었고, 쉬운 단계부터 더 높은 단계까지 활용할 수 있는 구성에도 큰 매력을 느꼈습니다.

　일본 연수를 마치고 한국에 돌아와 동료 교사들과 함께 번역 작업을 시작하였고, 활동 카드를 만들어 실제 수업에 적용해 보았습니다. 역시 학생들의 반응은 매우 좋았습니다. 학생들이 세계시민을 이해하는 데 큰 도움이 되었을 뿐 아니라 가르치는 저에게도 큰 도움이 되었습니다. 그 후, 다른 교사들에게도 이 책의 내용과 제 수업 사례를 공유한 결과, 이 시뮬레이션 교재는 매우 혁신적이라는 평가를 받았습니다. 직접 체험할 수 있는 활동으로 구성되어 있고, 세계시민교육 현장에서는 새롭고, 한국에는 아직 없는 수업 방식으로, 매우 유용한 방법이라고 말씀해 주셨습니다.

　저는 학교 현장에서 세계시민교육 연구를 하고 있으며, 이 책의 번역에 참여하는 연구회원들(고등학교 일본어 교사, 초등학교 교사 총 5명)은 모두 현장 교사로서 세계시민교육 확산을 위해 학생들이 세계시민의 17가지 목표에 더 가까워질 수 있도록 재미있게 가르치는 방법에 관해 연구하고 있습니다. 이 연구회 활동의 일환으로《표주박나라 문제》를 출판하여 한국에 널리 확산시키고자 합니다.”

김난영 선생님을 만난 적은 없지만, 이 책을 교재 삼아 한국 학교의 교실에서 수업하여 학생들로부터 좋은 평가를 받았다는 점, 그리고 다른 동료 선생님들의 평가 또한 긍정적이었다는 점을 고려했을 때 선생님들이 한국어로 잘 옮겨주셨으리라 생각합니다. 또한 유네스코 아시아태평양 국제이해교육원(APCEIU)은 제가 일본 국제이해교육학회 회장이었던 때부터 잘 알고 있는 세계시민교육 핵심 기관이기에 이 책의 한국어판 출간의 전 과정을 함께해주심에 감사드립니다.

《표주박나라 문제》란?

한국 독자들을 위해《표주박나라 문제》에 관해 먼저 설명하겠습니다.

이 책의 '이야기'는, 자연환경과 삶이 풍요로운 '표주박나라'에서 일어나는 이야기입니다. 이야기는 흉작에 직면한 북쪽 지역 '재깍나라'[*]의 일 잘하는 재깍인과 인구 증가와 낮은 소득에 직면한 남쪽 지역 '느슨나라'의 한가롭고 느긋한 느슨인이 '표주박나라'로 이주하면서 시작됩니다. 주요 집단(원주민 집단)으로 다수자인 '표주박인'과 이주 집단이며 소수자인 '재깍인'과 '느슨인', 이 세 '민족 집단'이 함께 살게 되면서 여러 가지 문제들이 드러나게 됩니다. 즉, **1** 다문화 소통이 어려워 문제가 되는 '인사는 처음이지?', **2** 노동에 대한 가치관의 차이가 한 국가의 문화적 상징인 '축제'에 참가할지 말지를 둘러싸고 대립하는 '축제가 다가왔다', **3** 언어와 교육에 관한 가치관의 차이가 다수자의 동화와 소수자의 이의 제기로 드러나는 '표주박나라 교육의 위기', **4** 다수자에 대한 불편함이 소수자의 분리주의로 확대되어 거주지의 집중화나 분산을 일으키고 사회의 안전과 복지에 드는 비용 부담의 가부를 묻는 '느슨타운을 인정할 수 있을까?', **5** 인구 역학의 변화로 인해 섬의 환경과 자원의 상호 의존 관계에 균열이 일어나, '표주박파워의 소멸'과 같은 지속 가능성에 물음을 던지는 심각한 다섯 가지 사회문제를 학습하도록 구성되어 있습니다.[**]

---

[*] 한국어판에서는 원문에 사용된 "카치코치 나라"와 "파라다이스 나라"와 같은 용어를 '재깍나라' 및 '느슨나라' 등 보다 친숙한 한국어 단어로 변경하였습니다.

[**] 일본국제이해교육학회 편(2022)《현대 국제이해교육사전 개정신판》아카시출판, 220쪽

《표주박나라 문제》의 특징

첫째, 다문화 이해를 통한 노동, 교육, 거주, 환경 문제 등 각각의 문제 해결 이면에, 한층 더 고차원적인 문제가 발생하는 중층적인 문제 구조를 시뮬레이션으로 보여줌으로써 다문화사회 문제의 구조화와 중층성을 체험할 수 있도록 했습니다.

둘째, 구조화 및 중층성의 요소로서 인종주의를 둘러싼 네 가지의 서로 다른 입장(보편적 인종주의, 차이적 인종주의, 보편적 반인종주의, 차이적 반인종주의)을 이야기 속에 드러내어, 동화를 강요하는 다수집단의 주장, 이에 반대하여 자신의 독자성을 강조하는 소수집단의 주장, 개인의 기본 권리를 기반으로 동화에 반대하는 주장, 소수집단의 권리로서 다문화를 주장하며 동화에 반대하는 주장으로 언어화하여 토론할 수 있는 역할 활동으로 디자인했습니다.

셋째, 역할 활동과 함께 문제 해결을 위한 정책 카드를 제공하고, 여기에 순위를 매기는 활동을 결합하여 토론으로 이어질 수 있도록 했습니다. 더 나아가 시뮬레이션이라는 가상의 공간에서 학습한 사회문제가 실제로 어떻게 이어지고 있는지를 알 수 있도록 현재하는 공존 모델을 제시하여 사회 참여 학습의 실제를 상징적으로 보여주고자 하였습니다.

또한, 자신을 더 깊이 성찰한다면, 자신 안에는 동화주의나 다문화주의와 같은 인종주의를 둘러싼 네 가지 원리(보편적 인종주의, 차이적 인종주의, 보편적 반인종주의, 차이적 반인종주의)에 근거하는 여러 개의 자아가 존재한다는 것을 배울 수 있을 것입니다.

한·일 공통의 사회적 배경

선진 산업 국가들은 저출산 고령화로 인해 노동력 부족이 심각한 문제가 되고 있습니다. 일본과 한국도 예외는 아닙니다. 《표주박나라 문제》의 사회적 배경에는 글로벌 사회의 이민자, 외국인노동자 등의 인구이동에 따른 다문화화, 다민족화가 진행되고 있는 것이 현실입니다. 노동시장, 글로벌 가족 형성, (다문화)자녀 교육 등에서 다문화 공존과 관련하여 다양한 사회적 과제가 발생하고 있으며, 이를 해결하기 위한 국가와 지방 정부의 정책 및 시민 활동을 찾을 수 있습니다.

노동시장과 관련하여 한국은 외국인을 노동자로 받아들이는 정책으로 '고용허가제'를 도입하고 있습니다. 고용허가제는 산업연수생 및 유학생(자격 외 취업자)제도를 통해 외국인을 받아들이고 있는 일본보다 진보한 제도입니다. 최근 일본에서도 '특정 기술'이라는 자격을 만들어 노동자로서의 외국인 수용에 한 걸음 더 나아가고 있습니다.

가족의 형성은 국제결혼(다문화가족)이 증가하는 추세에 있습니다. 농촌 인구감소와 후계자 부족으로 외국인 여성 이민자(농촌 신부, 결혼이민자)를 받아들이는 것은 한국과 일본에서 공통적으로 보여지는 현상입니다. 그러나 제도적으로 자리잡은 것은 한국일 것입니다. 그 예로 중국 북동부의 조선족들이 한국에서 잘 받아들여진 점을 들 수 있습니다.[*]

이러한 결과로 '2세 문제' 즉 국제결혼 가족(다문화가족)뿐만 아니라 외국인 가족을 포함하여 이주배경을 가진 아동 및 청소년의 교육 문제도 발생하고 있습니다. 언어 습득(일본어나 한국어)의 문제, 취학 및 학업에 관한 문제 등이 여기에 속합니다.

---

[*] 하루키 이쿠미(春木育美) · 요시다 미치코(吉田美智子)(2022)《이민 강국으로 가는 한국 - 노동, 가족, 성별의 시각에서》아카시출판.

한·일 공통의 다문화 공존 과제

다문화 공존 문제와 관련하여 한·일 양국의 공통적 문제가 있습니다.

가장 큰 과제는 동화주의를 강요하는 '단일민족', '민족동포'의 환상입니다. 특히 한국의 경우, 근대사에서 일제의 강제 지배에 대항한 민족독립투쟁, 2차 세계대전 이후 겪게 된 한국전쟁, 군사정권이 가져온 민족주의는 일본보다 강력합니다. '민족'이라는 이름 아래 동화를 강요하고, 그 외에는 '외부인'으로 배제하는 사고는 한·일 양국에서 공통적으로 보여집니다.

최근에는 한·일 양국 모두 부유층과 빈곤층, 화이트칼라와 블루칼라 같은 사회적 격차 및 노동시장에서의 분열이 일어나 다수자와 소수자(마이너리티) 간의 양극화도 진행 중입니다. 그 결과로 빈곤층이나 이민자·소수자를 포용하는 문제에 관해 진지한 고민 없이, 자기 자신과 직접적인 관계가 없는 타인의 일처럼 동정은 해도 공감은 하지 않는 경향을 보이고 있습니다. 저는 이것을 '이분법적 사고'라고 부릅니다.《표주박나라 문제》는 역할극과 대화를 통해 다수자와 소수자가 갖는 여러 가지 유형의 자기 정체성을 체험해봄으로써 이분법적 사고를 극복할 수 있도록 고안하였습니다.

저는 이 책에서 일본의 다문화 공존을 가로막는 '마음, 언어, 제도'의 '세 가지 장벽'이 있음을 지적하고 있습니다.

첫 번째는 '마음의 장벽'입니다. 외국인 공포나 일상적인 불안으로 인한 배제 감정, 과거의 역사를 반성하지 않은 채 '자이니치 코리안(재일한국인)'에 대한 혐오 발언과 같은 차별적 행동, '마이크로어그레션(Microaggression)'이라고 일컬어지는 일상생활에 잠재된 무심한 차별과 편견의 언행입니다.

두 번째는 '언어의 장벽'입니다. 일본어 교육의 부족, 재해 정보, 행정, 병원, 법정 등에서 사용하는 난해한 일본어 표기, 다국어 또는 '쉬운 일본어'

표기의 부족입니다.

세 번째는 '제도의 장벽'입니다. 외국인 참정권의 제한, 국적 부여 및 국적 취득의 어려움, 체류 자격 등 다양한 법률 및 제도적인 문제입니다.

한국에서도 이러한 세 가지 장벽이 어느 정도 존재한다고 생각되기에 공존 사회 실현을 위한 과제로 다루어지길 바랍니다. (알려진 바와 같이 한국에는 외국인 주민센터, 외국인노동자 지원센터, 다문화가족 지원센터를 포함한 사회통합 프로그램이 작동하며 세 가지 장벽을 극복하기 위한 시도가 일본보다 앞서고 있습니다.)

당부의 말씀

저는 과거 일본에서 이민이나 개척민으로 해외에 보냈던 일본인 이민자 자손들을 일본 내 노동력 부족을 해소하기 위해 노동자와 정착민으로 수용했던 1990년대부터 외국인노동자 문제가 앞으로 일본의 사회문제가 될 것으로 예상하고 이를 고등학교 수업에서 다루어 왔습니다. 이 수업 실천은《외국인노동자 문제를 어떻게 가르칠 것인가》라는 책으로 나왔으며,[*] 2000년대에는《표주박나라 문제》(초판)를 출판하였고[**] 지금은《개정판 표주박나라 문제》까지 이르렀습니다.[***]

---

* 후지와라 다카아키(藤原孝章)(1994)《외국인노동자 문제를 어떻게 가르칠 것인가 - 글로벌 시대의 국제이해교육》아카시출판.

** 후지와라 다카아키(藤原孝章)(2008)《시뮬레이션 교재 '표주박나라 문제' - 다문화 공존 사회 일본의 학습 과제》아카시출판.

*** 후지와라 다카아키(藤原孝章)(2021)《신개정판 시뮬레이션 교재 '표주박나라 문제' - 다문화 공존 사회 일본의 학습 과제》아카시출판.

그동안 저는 매년 50~80명의 학생이 수강하는 대학 수업 '다문화 공존과 아동'뿐만 아니라 대학 외의 각 지방자치단체의 교육센터 및 시·군·구 교육위원회에서 주최하는 국제이해와 인권을 위한 학교 교사 연수, 지방정부 공무원 및 시민을 위한 인권교육 연수, 일본어 봉사자 연수 등 다양한 분야에서 많은 강연과 워크숍을 요청받아 진행해왔습니다. 이런 식으로《표주박나라 문제》는 다문화 공존을 지향하는 학습 자료로 인정받아 왔다고 말할 수 있습니다.

《표주박나라 문제》의 학습 디자인에서 한 가지 주의할 점이 있었습니다. 인종주의를 둘러싼 다문화 공존 문제 중의 하나인 다문화주의적 과제를 다루는 것이 거꾸로 문화나 민족 등에는 불변적인 성질이 있다는 본질주의적 사고방식으로 보게 되는 점입니다. 다시 말하면 문화도 같은 문화를 가진 사람들끼리는 행동이나 생각이 완전히 같다는 사고방식으로 문화를 고정적이고 변하지 않는 것, 즉 문화적 본질주의로 이해할 위험이 있었습니다. 이것이 오히려 문화나 민족 간의 대립을 두드러지게 할 수 있다는 점을 주의해야 합니다.

그러나 현실은 다릅니다. 예를 들어 스포츠 세계에서는 '다문화 일본인'들의 활약이 두드러집니다. 테니스, 축구, 농구, 유도, 육상 경기 등에서 활약하는 일본 대표선수들은 매우 다양합니다. 이것을 국민 통합의 국가주의적인 상징성으로도 볼 수 있지만, 한편으로는 문화본질주의나 단일민족주의에서 벗어나서 문화와 민족은 혼합되고 변화할 수 있는 것, 즉 문화의 복합성과 다양성을 인정하는 사고로의 전환을 촉구하는 것이라고도 할 수 있습니다.

다문화 공존이란 무엇일까요? 공존이란 'co-existence(같이 존재함)'이 아닌 'inclusion(포용)'입니다. 문화의 다양성과 복합성을 인정하고 다양성 안에서 평등과 공정이라는 관계성의 존재야말로 중요한 것이 아닐까요?[*]

다문화 공존을 위해서는 다양성을 인정하고 공정·평등한 관계성을 살펴볼 필요가 있습니다. 그렇기 위해서는 국가적인 문화나 민족에 대한 정형적인 이야기와 대치되는 복합적인 정체성의 의미와 다양성, 공존의 존재를 기술하는 에스노그래피와 같은 이야기가 필요하지 않을까요? 이것은 지구상의 모든 사람이 가지고 있는 보편적인 권리(인권)에 근거한 시민성(Citizenship)이며 연대와 다양성의 시각을 갖게 한다고 생각합니다.[**]

이 책을 활용할 때 이러한 문화의 변화, 복합성, 공정·평등한 관계성의 구축에 대해 충분히 고려해주시기를 부탁드립니다.

감사의 말씀

마지막으로, 지난 3년 동안 번역연구회 다섯 분의 선생님들, 즉 대표교사인 김난영 선생님, 돌마고등학교 김문정 선생님, 창의고등학교 이선희 선생님, 성남외국어고등학교 차승연 선생님, 보평초등학교 이기훈 선생님께, 번역 작업과 함께 수업에서도 이를 적용해주신 것에 대해 감사드립니다.

또한, 번역의 감수와 자료수집 등을 도와주신 한국국제이해교육학회 부회장이자 중앙대학교 교수인 김선미 선생님, 출판과 관련하여 이메일을 통해

---

* 모리모 다케오(森茂岳雄) 감수, 가와사키 세이지(川﨑誠司), 키리타니 마사노부(桐谷正信) 나카야마 케이코(中山京子) 편(2023), 《국제이해교육과 다문화교육의 시선 – 다양성과 사회 정의/공정한 교육을 향하여》 아카시출판.

** 오드리 오슬러(Audrey Osler), 휴 스타키(Hugh Starkey) 저, 후지와라 다카아키(藤原孝章), 기타야마 유카(北山夕華) 번역(2018) 《교사 교육과 인권 – 공정, 다양성, 글로벌 연대를 위해》 아카시출판.

여러 차례 소통한 유네스코 아시아태평양 국제이해교육원 교육연수실 이지홍 실장님, 그리고 한국어판 출판을 수락해주신 임현묵 유네스코 아시아태평양 국제이해교육원장님께 감사의 인사를 드립니다.

　이 책이 한국과 일본의 국제이해교육을 촉진하고 한·일 양국의 대화에 도움이 되길 기대합니다.*

2023년 12월

후지와라 다카아키(藤原孝章)

---

* 이 서문을 작성하기 위해 한국 영화 〈기생충〉(2019), 〈청년경찰〉(2017), 〈미씽: 사라진 여자〉(2016)를 시청했습니다.

김난영 세계시민 도서번역연구회 대표교사

  '세계시민 도서번역연구회'는 해외의 훌륭한 도서를 번역하여 세계시민
교육 활동에 도움이 될 만한 교육자료를 만들기 위해 세계시민 중앙선도교
사(김난영, 이기훈)와 경기일본어교육연구회 연구위원 선생님(김문정, 이선희, 차
승연)들로 구성된 작은 모임입니다. 유네스코 아시아태평양 국제이해교육원
(APCEIU)의 지원을 받아 2021년 개설하여 이 책의 원저자이신 후지와라 다
카아키 교수님의 원서《표주박나라 문제(ひょうたん島の問題)》를 번역하게 되었
습니다. 학생들이 글로벌 사회로 나아갔을 때 세계시민 의식을 갖추고 대응
할 수 있도록 도와주는 수업자료로 활용되길 기대하며 시작한 번역 작업이
이렇게 한국어판 도서 출간으로 이어지게 되어 정말 기쁘고 영광스럽습니다.

  이 책의 내용을 구성하는 세 나라의 시뮬레이션은 무척 현실적이면서도
역할 활동으로 재미있게 구성한 점에서 빛이 발합니다. 서로 다른 나라 사람
이 되어 다문화사회에서 일어나는 다양한 문제들을 역지사지의 입장으로 생
각하고 문제를 해결해나가도록 한 교육적인 설계에 우리는 무척 감동했습니
다. 예쁜 그림의 영상과 역할 카드 그리고 현실을 반영한 정책 카드 등은 아
이들의 활동을 더 풍성하고, 실감 나게 유도했습니다.

'세계시민이 내 삶과 연계될 수 있을까?' 하는 질문으로 시작한 해외 학생과의 온라인 수업 활동은 학생들에게 꽤 반응이 좋은 편입니다. 먼 나라에 사는 또래 친구가 내 교실 속 삶으로 들어와 친구가 되어 있으니까요. 마찬가지로 많은 나라의 세계시민을 교실로 모두 초대하기는 어려운 일이지만 시뮬레이션으로 설정된 나라의 국민이 되어보는 체험은 재미있고 즐거운 상상을 실현해주는 활동입니다. 교실 속에서 나는 가상의 외국인이 되어보고 내 친구도 나와 다른 가상의 외국인이 되어 서로 마주하며 공존을 위해 몰입하는 동안 세계시민은 나이고, 내 앞의 친구이며, 나아가 우리 모두 세계시민임을 깨닫도록 이 책이 이끌어줄 것입니다.

지난 3년 동안 단어 하나하나 우리말로 바꾸기 위해 자료를 찾고 같이 공부하면서 탐구와 열정으로 똘똘 뭉친 우리 연구회 번역 집필진, 교사의 연구 활동에 최고의 시스템으로 세계시민 역량을 이끌어주시고, 그에 걸맞은 도움과 협력을 아끼지 않으신 유네스코 아시아태평양 국제이해교육원 관계자님들, 출판의 취지에 공감하고 함께 고민해주신 출판사 편집팀에 존경과 감사의 뜻을 표합니다.

특별히 이 책의 번역을 허락해주신 후지와라 다카아키 교수님께 존경과 감사의 마음을 전합니다. 그리고 후반부의 '이론 편'과 '자료 편'을 완성해주신 중앙대학교 김선미 교수님과 유네스코 아시아태평양 국제이해교육원 이지홍 실장님께도 진심 어린 감사의 인사를 드립니다.

앞으로 이 책이 세계시민교육에 다양하게 활용되고 즐겁게 사회참여를 이끌 수 있는 세계시민의 마중물이 되길 기대합니다.

제1부

실천 편

제1장

세 나라
표주박나라 이야기

① 상황 설정

❶ 표주박나라

- '표주박파워'라는 에너지를 이용해 자유롭게 바다를 이동할 수 있다.
- 인구과밀이지만 증가율은 낮다.
- 21세기에 들어 노동력 감소가 큰 걱정거리이다.
- 1인당 국민소득이 높아 풍요롭고 실업률도 낮다. 특별히 자신이 선호하는 것만 고르는 것이 아니라면 일자리는 쉽게 구할 수 있다.
- 섬나라로 전통문화 보존을 중시하며 이 나라의 교육 목적 중 하나도 표주박나라의 전통문화를 계승하는 것이다.
- 국민성은 온화하며 개방적이다. 전통문화의 상징은 표주박이며 표주박삼림지구는 성역으로 함부로 다루는 것을 금기한다.

❷ 배경 이야기

- 표주박나라가 두 나라 사이를 가로질러 유유히 지나는 동안 많은 사람이 표주박나라로 이주했다. 표주박나라는 양쪽 나라에서 온 이주민에 대해 관용을 베푼다. 표주박나라는 자체 에너지(표주박파워)를

이용해 바다를 자유롭게 이동할 수 있어 이주자가 많이 유입되고 있다. 그렇지만 이러한 이유로 나라를 이동시키지는 않는다. 오히려 미래에 노동력이 부족할 것이라고 예상하여 일정 부분 용인하고 있다.

• 북쪽의 '재깍인'은 토지가 마른 데다가 이상기온으로 인한 추위로 식량 생산량이 평년의 30% 수준에 머물면서 경제적으로 무척 어려운 상황에 놓이게 된다. 그러자 도망치듯이 표주박나라로 건너갔다.

• 남쪽의 '느슨인'은 하루하루 먹고사는 데 큰 문제는 없지만, 인구 급증으로 인해 어려움이 있다. 최근 표주박나라의 윤택한 생활이 TV에 방송되자 많은 사람이 표주박나라에서 살기를 꿈꾸게 되었다.

❸ 표주박나라 지도

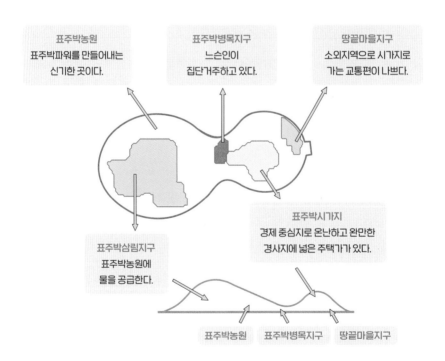

2 세 나라 이야기

1 아직 아무에게도 알려지지 않은 세 개의 나라가 있습니다. 차가운 한류가 흐르는 북쪽에는 재깍나라가, 따뜻한 난류가 흐르는 남쪽에는 느슨나라가 있습니다. 그리고 망망대해를 표류하듯이 이동하는 이상하고도 신비한 표주박나라가 있습니다.

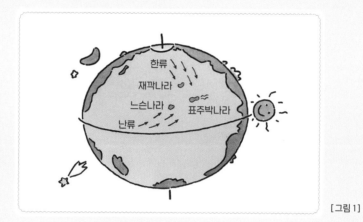

[그림 1]

2 표주박나라는 재깍나라와 느슨나라 사이 해역을 향해 항해하고 있습니다. 온난한 기후를 찾아가고 있는 것입니다.

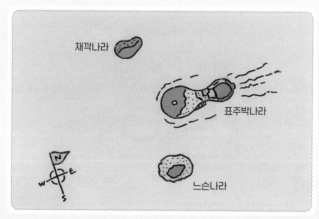

[그림 2]

3 재깍나라에는 연중 북풍이 불어대고, 대부분 침엽수로 덮인 좁은 평지에는 바윗돌이 노출되어 있습니다.

[그림 3]

4 재깍인은 일을 정말 잘합니다. 얼음과 눈에 시달리면서도 바윗돌로 뒤덮인 척박한 밭을 열심히 경작하여 생활하고 있습니다.

[그림 4]

5 하지만 재깍나라는 올해도 심한 냉해와 가뭄이 덮쳐 보리와 감자 등 주식이 되는 작물의 수확량이 예년의 3분의 1밖에 되지 않아 재깍인의 생활을 심각하게 위협하고 있습니다.

[그림 5]

6 일을 잘하는 재깍나라에서는 '노동 감사절'이 1년에 두 번 하짓날과 동짓날로 정해져 있으며 '문화의 날'이기도 합니다. 나라 중앙에 있는 광장에서는 이벤트가 계속 이어지고 환호성이 울려 퍼집니다.

[그림 6]

7 한편 산호초에 둘러싸인 느슨나라는 연중 밝은 태양이 비추고 여름만 지속됩니다.

[그림 7]

8 느슨나라는 다양한 먹거리를 수확할 수 있어서 넉넉하고 풍요롭습니다. 사람들은 아무런 불편함 없이 생활하고 있습니다. 온종일 기온이 높아서 낮잠을 자는 전통 풍습이 있습니다.

[그림 8]

9 느슨나라에서는 둥근 보름달이 뜨는 밤에 축제가 열립니다. 사람들은 느긋하게 해변에 나가서 춤을 추고 이야기를 나누며 친척이나 가족, 친구들과 지역 먹거리를 즐기며 관계를 더욱 돈독히 합니다.

[그림 9]

10 느슨나라의 문제는 급격한 인구 증가입니다. 이대로라면 가까운 미래에 식량 자급자족 체제가 위협받을 것입니다. 예고도 없이 전기나 수도가 끊겨 편안한 생활을 할 수 없는 것도 느슨인의 큰 불만입니다.

[그림 10]

11 표주박나라가 멀리 떨어진 바다 한가운데에 닻을 내리는 장면이 TV에 보도되자 재깍나라에서 큰 소동이 일어났습니다. 표주박나라의 초현대적인 광경에 시선을 뺏긴 사람들이 토론을 벌였기 때문입니다.

[그림 11]

12 아침부터 느슨나라의 해변이 크게 술렁였습니다. 망원경으로 표주박나라가 손에 잡힐 듯이 선명하게 보였기 때문입니다. 난생처음 초고층 빌딩 숲과 고속도로, 잘 정비된 경작지를 본 사람들은 깜짝 놀랐습니다.

[그림 12]

13 재깍나라에서는 갑자기 '표주박나라로 돈 벌러 가자', '표주박나라에 가서 일해서 번 돈을 가족에게 보내자'라고 하면서 재깍인이 많이 모여들었고, 이들은 큰 범선을 만들어 표주박나라를 향해 출발했습니다.

[그림 13]

14 느슨나라에서도 '표주박나라로 이주하자', '표주박나라에서 새로운 삶을 시작하자'라고 하면서 많은 사람들이 모이더니 큰 카누의 노를 저어 표주박나라로 향했습니다.

[그림 14]

15 표주박삼림지구는 원시림이 덮인, 표주박나라에서 가장 큰 산입니다. 산 정상에는 있는 호수와 숲 전체에 물이 풍부하게 저장되어 있어서 표주박인은 표주박삼림지구를 소중히 지키고 있습니다.

[그림 15]

16 표주박삼림지구의 샘솟는 물은 산자락을 따라 펼쳐진 농원을 적시면서 표주박인의 생활을 뒷받침하고 있습니다.

[그림 16]

17 작은 산인 호리병산 기슭에는 표주박나라의 중심 시가지가 있습니다. 세계 어느 대도시에도 뒤지지 않는 초고층 빌딩이 늘어서 있습니다. 그 뒤로 산과 바다가 내려다보이는 곳에는 표주박인이 사는 저택과 고급 아파트가 있습니다.

[그림 17]

18 표주박농원에서는 해마다 훌륭한 '표주박'을 수확하고 있습니다. '표주박'은 뭐니 뭐니 해도 이 나라의 상징입니다.

[그림 18]

19 '표주박'은 '호리병박'이라고도 불리며 생활에 필요한 식기류나 인테리어 소품의 재료가 됩니다. 표주박으로 만든 다양한 가공품은 표주박나라의 주요 수출품이며 나라의 재원입니다.

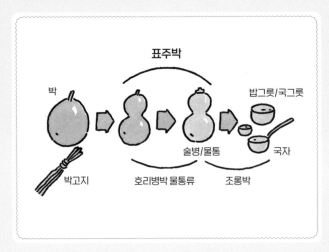

[그림 19]

20 '표주박'은 표주박인의 자부심이며, 생활 곳곳에 스며들어 '표주박문화'를 형성하면서 오랫동안 계승되고 있습니다.

[그림 20]

21 표주박나라는 '표주박파워'를 이용해 전 세계 바다를 자유자재로 항해할 수 있습니다. 표주박파워란 표주박나라의 풍부한 물을 마그마의 열로 수증기로 바꿀 때 생산되는 에너지를 말합니다. 표주박파워는 하이테크 엔진을 가동해 표주박나라가 온난한 기후의 이상적인 환경을 찾아 끊임없이 이동할 수 있게 합니다.

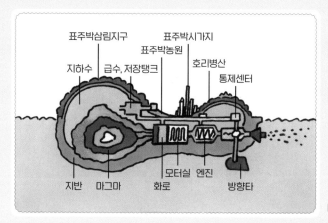

[그림 21]

22 표주박나라 지도를 보면 멋진 표주박나라의 환경이 한눈에 들어옵니다. 중앙의 표주박병목지구에는 공장지대와 농장지대가 조성되어 있으며 항구에서 가까워서 특별히 이곳에서 일하는 사람들이 살기 좋은 지역입니다.

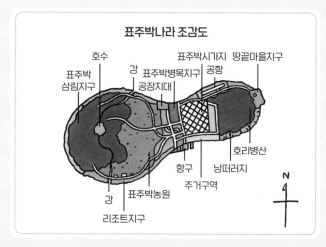

[그림 22]

23 표주박나라로 이주한 재깍인과 느슨인은 대부분 '표주박병목지구'에 살기 시작했습니다. 예전부터 줄곧 그곳에 살고 있던 표주박인과 함께 근처 공장이나 표주박농장에서 일했습니다.

[그림 23]

24 재깍인과 느슨인은 각자 좋아하는 집을 지었습니다. 재깍인은 두꺼운 목재와 벽돌을 사용해 튼튼한 집을 지었습니다. 한편 느슨인은 줄기가 긴 갈대와 대나무를 이용해 바람이 잘 통하는 간소한 형태의 집을 지었습니다. 이렇게 집만 보더라도 나라 간의 문화 차이가 드러났습니다.

재깍인 주택   느슨인 주택

[그림 24]

25 아래 그림은 표주박나라, 재깍나라, 느슨나라 남성의 평소 복장을 보여줍니다. 표주박인의 복장은 계절을 크게 타지 않는데, 재깍인은 스웨터에 머플러 차림이 많고, 느슨인은 간소하고 다채로운 옷을 즐겨 입습니다.

재깍인   표주박인   느슨인

[그림 25]

26 표주박나라 원주민과 표주박나라로 이주한 재깍인과 느슨인이 표주박병목 지구의 공원에서 만나는 모습입니다. 처음에는 서로 인사법을 몰라 머뭇거렸습니다. 인사 또한 민족마다 독자적인 문화 형태를 담고 있습니다.

[그림 26]

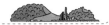

제2장

 인사는 처음이지?

타문화 커뮤니케이션

① 목표

문화 간 커뮤니케이션의 차이를 경험하고 문화에는 고유한 습관이나 가치관이 녹아 있음을 이해한다.

② 시간

- 10분(인사 활동)
- 응용 편: 30분(세계의 인사, 식사 등을 탐구)

③ 진행 순서

❶ 참가자를 세 그룹(표주박인, 재깍인, 느슨인)으로 나눈다.

❷ 역할 카드 '인사는 처음이지?'를 나눈다.

　(세 그룹으로 나누고 처음부터 카드를 나누어줄 수도 있다.)

❸ 카드의 지시에 따라 인사한다.

❹ 활동 시간을 정하고(10분 정도) 정해진 시간이 되면 중지한다.

　(예: 10명 이상의 사람들과 인사를 나누고 자리로 돌아가도록 한다.)

❺ 인사 활동을 정리하고 각자의 소감을 나눈다.

❻ 세 그룹은 인사마다 행동 지침이 적힌 역할 카드를 읽으면서 해당 장면

에서 무엇이 문제인지 이야기를 나눈다.

(예: 대화 진행의 원활함이나 문화의 수용도 측면 등)

❼ 지역, 환경, 정치, 경제, 사회적 배경 등이 다른 세계 각국의 인사나 비언어 신체 표현 또는 타문화를 접한 사례 등을 제시하여 문제를 깊이 이해할 수 있도록 진행한다.

④ 인사말 역할 카드

A. 당신은 표주박인입니다.

• 가볍게 미소 지으며 조용히 눈인사를 보냅니다. 상대도 가볍게 미소 지으며 눈인사를 건넬 때까지 기다려주세요. 인사를 받아주지 않아도 친근하게 대하거나 말을 건네지 마세요. 상대가 인사하지 않고 이상한 행동을 하면 미소를 멈추고 바로 그 자리를 떠납니다.

A. 당신은 표주박인입니다.

• 당신은 "까르바"라고 큰 소리로 인사합니다. 가볍게 미소 짓고 정중하게 눈인사를 나누세요.

• 상대가 가볍게 미소 지으며 조용히 눈인사나 묵례할 때까지 친근하게 대하거나 말을 건네거나 하지 마세요. 상대가 같은 인사를 하지 않고 의외의 행동을 하면 미소를 멈추고 바로 그 자리를 떠납니다.

B. 당신은 재깍인입니다.

• 양손을 펼쳐 큰 소리로 "재깍재깍"이라고 외치면서 인사합니다. 상대가 똑같이 양손을 펼쳐 큰 소리로 "재깍재깍"이라고 할 때까지 계속 외칩니다. 상대가 피하려고 하면 쫓아가서 인사를 계속합니다. 단, 너무 심하게 강요하지 마세요.

B. 당신은 재깍인입니다.

• 당신은 양팔을 크게 펼쳐 들어 올리면서 큰 소리로 "재깍재깍"이라고 외치며 인사합니다.

• 상대가 똑같이 인사할 때까지 양팔을 들어 올리면서 "재깍재깍"이라고 계속 크게 외칩니다. 상대가 피하려고 하면 쫓아가서 인사를 계속합니다. 단 너무 심하게 강요하지는 마세요.

C. 당신은 느슨인입니다.

• 얼굴 만면에 미소를 띠며 악수하고 상대를 껴안으며 인사합니다. 만약 상대가 얼굴에 미소를 띠고 악수하면서도 껴안아주지 않는다면 '왜? 어째서?'라고 묻는 듯이 곤란한 표정을 하며 그 자리를 떠나 다른 상대에게 인사를 반복해주세요.

C. 당신은 느슨인입니다.

• 당신의 만면에 미소를 띠고 "듀코"라고 인사합니다. 그러고 나서 양손을 내밀어 악수한 후 상대의 몸을 양팔로 껴안습니다. 상대가 같은 방식으로 인사하지 않으면 곤란한 표정이나 화가 난 듯한 동작을 하며 자리를 떠납니다. 그리고 다른 상대를 찾아 인사를 반복합니다.

1 표주박인은 "까르바"라고 말하며 고개 숙여 인사하고 방긋 미소를 지으며 눈인사합니다.

[그림 27]

2 윗사람에게 경의를 표하거나 감사를 담은 인사는 상반신을 60도에서 90도 정도로 깊게 숙여 정중하게 합니다.

[그림 28]

③ 재깍인은 "재깍재깍"이라고 크게 말하면서 양팔을 만세 하듯이 번쩍 올리고 손을 쫙 펼쳐 인사합니다. 이때, 부인이나 노인은 양손을 어깨높이까지만 올려 인사합니다.

[그림 29]

④ 느슨인은 "듀코"라고 외치며 양손으로 맞잡고서 상대의 몸을 양팔로 꽉 안아 친근함을 담아 인사합니다.

[그림 30]

5 느슨인은 인사를 나눌 때 둘의 나이가 같거나 동성일 때, 이성일 때, 선후배 사이일 때 각각 양손을 쓰는 방법이 다릅니다.

동년배, 동성 간 인사   남녀 간 인사   선후배 간 인사

[그림 31]

평소 하던 인사법과 다른 인사법을 접하면 간단한 인사라고 해도 어색함(위화감)을 느낄 수 있다. 활동을 마치고 되돌아보는 시간에는 이러한 점에 대해 예시를 들어 이야기해보는 것이 좋다. 실제 '진짜처럼 인사하기'는 의외로 재미있는 아이스브레이킹 시간이 될 수 있다. 단, 인사법마다 주의할 점이 있다. 예를 들면 느슨인의 허그(껴안기)형 인사법의 경우, 이성 간이나 처음 만나 낯선 상황에서는 거부감이나 불편함을 줄 수 있다. 이때는 가벼운 악수나 코로나19 매너 인사(주먹을 마주 대거나 팔꿈치를 대는 인사) 정도로 인사법을 병행해서 활용할 수 있도록 사전에 안내하는 것이 좋다.

일상생활에서 다양한 언어권의 사람들을 만났을 때의 상황을 가정해 언어적 커뮤니케이션을 의식적으로 해보려고 시도하는 것도 중요하다. 예를 들면 감사의 표현으로 일본어 "ありがとう(arigatou)"나 "おおきに(ookini)", 중국어 "谢谢(xiexie)", "多谢(duoxie)", 태국어 "ขอบคุณ(kapuon)", 영어 "thank you", 독일어로 "danke", 프랑스어 "merci" 등을 소개해도 좋다.

또한 눈인사(묵례)형 인사법은 주로 아시아에서 볼 수 있고, 허그(껴안기) 형태나 비쥬(bisou: 볼에 입을 맞추는) 등 신체 접촉이 있는 인사법은 미국이나 유럽에서 볼 수 있다는 등의 예시를 들어도 좋다.

응용 편으로 세계 여러 나라의 인사를 조사하는 활동을 도입할 수 있다. 또한 제3장 '축제가 다가왔다' 장면과 연결해 나라별 식사 문화나 놀이문화를 비롯해 생활용품, 문화재, 공예품 또는 생활 습관 속에 나타나는 민족이나 문화권에 따른 차이나 다양성을 탐구하는 활동을 통해 재미를 얻을 수 있다. 더 나아가 세계의 가족이나 식사를 소재로 한 자료들을 연계하여 학습 자료로 활용해도 좋을 것이다.

제3장

축제가 다가왔다
축제와 노동

1 목표

노동에 대한 가치관의 차이가 문화적 상징(축제)의 수용 여부로 사회적 문제가 될 수 있음을 이해한다. 가치관의 차이는 인정하지만, 그것이 자신의 생활을 위협하는 경우 사회적인 문제가 되고 문화적 대립으로 나타날 수 있음을 인지한다.

2 시간

- 55~60분(스토리 이해 10분, 작전타임 10분, 롤플레잉 등 15~20분, 피드백 20분)
- 응용 편: 50분

3 진행 순서

❶ 역할 카드를 통해 '(표주박)축제가 다가왔다'라는 문제 상황을 이해한다.

❷ 5인 1조로 나눈다.

❸ 역할 카드 '축제가 다가왔다'를 나눠준다.

   (이 단계에서는 그룹 내 역할 내용을 공유하지 않는다.)

❹ 역할을 정한다. (5명의 인물과 역할)

A. 표주박문화보존회 회장

B. 표주박축제 실행위원(진행 역할을 겸함)

C. 재깍문화협회 대표

D. 표주박대학 교수(표주박신문 기자도 가능)

E. 재깍노동자협회 대표

❺ 작전타임: 같은 역할을 맡은 사람끼리 모여서 각각의 역할과 입장에 관해 이야기를 나누고 이해하는 시간을 갖는다.

❻ 자신의 그룹으로 돌아가 각각 자신이 맡은 역할에 맞게 롤플레잉 한다. 논점은 '재깍인은 표주박축제에 참가해야 하는가?'이다.

※ 대화가 시간 내에 정리되지 않아도 된다.

❼ 피드백: 롤플레잉을 마치면 그룹별로 모두의 역할 카드를 읽으며 내용을 확인한 후, 역할에서 벗어나 롤플레잉 했을 때의 기분이나 참가자로서의 태도 등에 대해 의견을 나눈다. 또 대립을 최소화하는 방안에 관해서도 이야기해본다.

❽ 응용 편: 국제교류 행사나 시민 축제의 외국인 참가 등 실제 사례를 제시하면서 문제의 이해를 높이고 문제 해결을 위한 논의를 이어갈 수 있다. 그리고 외국인노동자가 일하는 현실(비정규고용, 기술연수 등) 등에 관해서도 심도 있는 대화를 나눈다.

④ 배경 이해하기

1 표주박나라로 이주한 재깍인은 일을 잘합니다. 그들은 토요일, 일요일, 휴일과 상관없이 매일 쉬지 않고 일합니다. 고국에 있는 가족에게 돈을 보내야 하기 때문입니다.

[그림 32]

2 재깍나라 이주노동자는 표주박인이 기피하는 고된 노동을 대신해주기 때문에 표주박인에게 있어서 고마운 존재입니다. 표주박인은 부지런하고 일 잘하는 재깍인에게 감동하여 경의를 표합니다.

[그림 33]

3 그러나 표주박나라로 이주하는 재깍나라 노동자가 늘어나면서 그들은 점차 표주박인이 일하는 분야로도 진출하게 되었습니다.

[그림 34]

4 그렇게 재깍인이 표주박인의 일자리를 점점 더 많이 차지하게 되자, 표주박인은 재깍인에게 반감을 품기 시작했습니다.

[그림 35]

5 '표주박축제'가 다가왔습니다. 표주박나라의 모든 사람이 참여하며 해마다 열리는 이 축제를 최대의 축제로 여깁니다.

[그림 36]

6 축제 기간 동안 표주박나라의 젊은이들은 최신 유행하는 '표주박룩'으로 한 껏 멋을 내고 북적거리는 거리로 쏟아져 나옵니다.

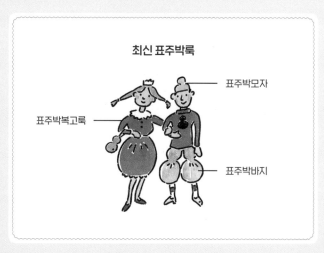

[그림 37]

7 축제에서 가장 중요한 행사는 표주박문화를 상징하는 '표주박문화 콘테스트'입니다. 그런데 이 화려하고 북적거리는 축제에 재깍인은 한 명도 참가하지 않았습니다. 반면 축제를 좋아하는 느슨인은 대부분 참가했습니다.

[그림 38]

8 표주박방송국은 축제에 참가하지 않은 재깍인을 주요 뉴스로 보도했습니다. 재깍인을 향해 "재깍인은 표주박나라의 국민 축제에 오지도 않고 일하고 있다니, 괘씸하다!", "표주박문화를 모욕하고 있다. 그런 태도는 용납할 수 없다!"라고 비난하면서 사회적인 문제로 삼았습니다.

[그림 39]

9 가상회의: 표주박나라 시민단체 대표들과 재깍나라 이주민 노동자조합 대표자가 한자리에 모여 회의를 열었습니다.

A. 표주박문화보존회 회장
C. 재깍문화협회 대표
B. 표주박축제 실행위원
E. 재깍노동자협회 대표
D. 표주박대학 교수
참고. 표주박신문 기자

[그림 40]

⑤ 역할 카드 내용

A. 표주박문화보존회 회장

- 당신은 표주박축제 후원회장이기도 합니다. 표주박문화의 전통을 지키려는 사람들을 대표하여 재깍인을 표주박인으로 어떻게 대우할지 말해주세요.
- 당신은 '축제에 참가하지 않는 재깍인은 이 나라에서 살아서는 안 된다'라는 강경한 입장을 보입니다.
- 당신의 발언 예시는 다음과 같습니다.

> 표주박축제는 표주박문화의 상징이다. 표주박방송국에서도 언급했듯이 축제에 불참하는 태도는 표주박나라의 문화에 대한 도전이다. 이 나라의 문화를 받아들일 수 없다면 재깍인은 이 나라를 떠나는 것이 마땅하다. 만약 떠나고 싶지 않다면 표주박문화를 익혀야 한다. 재깍인은 간단한 표주박어조차 못 익혀서 표주박을 '피쭈빡'이라고 읽을 정도다.

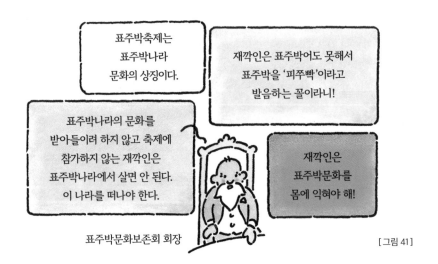

[그림 41]

B. 표주박축제 실행위원

- 당신은 표주박축제 실행위원으로 이 토론의 진행자 역할을 겸하고 있습니다. 표주박축제는 표주박문화의 상징이자 나라 전체의 축제이기 때문에 반드시 성공시켜야 합니다. 당신은 재깍인의 참가를 촉구하려고 합니다.

- 당신은 '표주박인도 재깍인도 누구나 축제에 참가해야 한다'라는 입장을 보입니다.

- 당신의 발언 예시는 다음과 같습니다.

> 표주박축제는 나라의 중요한 행사이기 때문에 재깍인도 모든 일을 쉬고 참가할 수 있도록 해야 한다. 상금이 걸린 참가권을 배부하면 돈을 제일 중요하게 여기는 재깍인의 참가도 기대할 수 있다.

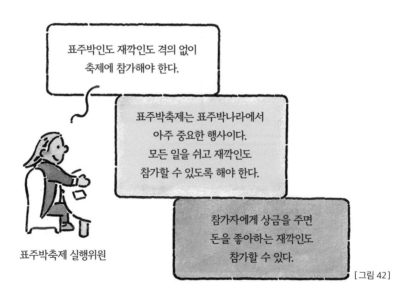

표주박인도 재깍인도 격의 없이
축제에 참가해야 한다.

표주박축제는 표주박나라에서
아주 중요한 행사이다.
모든 일을 쉬고 재깍인도
참가할 수 있도록 해야 한다.

참가자에게 상금을 주면
돈을 좋아하는 재깍인도
참가할 수 있다.

표주박축제 실행위원

[그림 42]

C. 재깍문화협회 대표

- 당신은 재깍인의 생활 습관과 문화를 지키고자 합니다. 특히 표주박나라에서 재깍인은 소수이기 때문에 그 생각은 아주 강합니다. 당신은 표주박인이 그들의 습관이나 문화를 강요하는 것에 강하게 반발합니다.

- 당신의 입장은 '표주박축제는 표주박인의 축제이다. 문화도 전통도 다른 재깍인이 참가할 필요는 없다'입니다.

- 당신의 발언 예시는 다음과 같습니다.

> 재깍인에게는 노동감사절이 있으니 표주박축제에 참가할 필요가 없다. 우리는 낮은 임금의 시간제로 일해서 표주박인의 풍요로운 생활을 받쳐주고 있다. 휴일도 없이 일할 수밖에 없다. 표주박문화는 돈이 많고 부자인 그들이 지키면 된다.

[그림 43]

D. 표주박대학 교수

- 당신은 대학에서 표주박나라의 헌법을 가르치고 있습니다. 헌법 정신과 표주박인의 양심에 따라 개인의 인권을 옹호합니다.
- 당신의 입장은 '표주박축제 참가 여부는 개인의 문제이다', '대중매체가 이 문제를 다룰 때 신중해야 한다'입니다.
- 당신의 발언 예시는 다음과 같습니다.

> 표주박나라와 재깍나라는 각각 다른 문화를 가지고 있으므로 가치관도 다르다. 양쪽 모두 평등하게 평가해야 한다. 표주박나라 헌법에 비추어보면 개인의 권리가 우선되어야 하므로 축제에 참가할지 말지는 개인의 선택 문제이다. 축제에 대한 의견이나 사고방식, 노동에 대한 가치관 같은 문화적 가치는 본래 평등한 것이므로 표주박방송국이 재깍인의 축제 불참을 사회문제로 삼는 것은 다수자가 소수자에 대해 자신의 문화를 강요하고 정당화하려는 것이다.

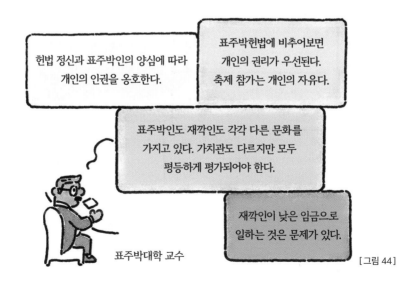

헌법 정신과 표주박인의 양심에 따라 개인의 인권을 옹호한다.

표주박헌법에 비추어보면 개인의 권리가 우선된다. 축제 참가는 개인의 자유다.

표주박인도 재깍인도 각각 다른 문화를 가지고 있다. 가치관도 다르지만 모두 평등하게 평가되어야 한다.

재깍인이 낮은 임금으로 일하는 것은 문제가 있다.

표주박대학 교수

[그림 44]

E. 재깍노동자협회 대표

- 당신은 이주노동자인 재깍인의 권리를 옹호하기 위해 일하고 있습니다. 당신이 당면한 목표는 재깍나라 노동자의 처우를 개선하는 것입니다.
- 당신의 입장은 '표주박축제 참가보다 재깍인의 노동 환경 개선을 우선한다'입니다.
- 당신의 발언 예시는 다음과 같습니다.

> 재깍인과 표주박인은 노동에 대한 가치관이 다르다. 재깍인도 노동에 대한 문화와 관습이 있으므로 표주박인의 축제 문화를 이해할 수 있고 또 참가도 하고 싶다. 그러나 이 나라에서 재깍인은 소수이며 주로 임금이 낮은 시간제 일밖에 할 수 없다. 재깍인의 근면하고 성실한 노동성을 인정하고 전일제 일을 주어서 급여가 오른다면 축제에 참가할 수 있다.

재깍노동자협회 대표　　[그림 45]

참고. **표주박신문 기자**(실제 롤플레잉에는 참여하지 않는다.)

- 당신의 발언 예시는 다음과 같습니다.

> 표주박방송국은 재깍인의 축제 불참을 사회문제로 다루고 있다. 대중매체는 이 축제 문제를 다루는 데 주의해야 한다. 축제를 비롯해 노동에 대한 사고방식이나 가치관 등을 포함하는 문화의 가치는 본래 평등한 것이다. 축제 참가 여부가 개인의 문제인지 문화의 문제인지 명확히 해야 한다. 재깍인의 축제 불참을 문제로 삼는 것은 소수자에 대해 문화적인 동화와 지배를 정당화하는 것으로 옳지 않다.

[그림 46]

🄿 진행 방법과 돌아보기 & 톡톡 팁!

- 1단계 '인사는 처음이지?'는 초등 고학년 대상 수업에서 활용할 수 있다. 2단계 '축제가 다가왔다'는 나라별 명절, 기념일, 국경일, 연중행사 등을 소재로 하므로 중학생 이상을 대상으로 한 수업에 적절하다. 단, 축제나 이벤트만의 문제에 주목한다면 초등 고학년 대상 수업에서도 가능하다.

- 롤플레잉을 진행할 때 작전타임을 잘 활용하는 것이 중요하다. 진행자가 역할 카드를 설명하거나 역할별 발언 예시 문장을 함께 검토하면서 역할에 대한 이해를 높이도록 한다.

- 토론의 핵심 주제는 '재각인이 일을 쉬고 축제에 참가해야 하는가? 아닌가?'이다.

- 초등학생을 대상으로 수업한다면 '표주박나라에 사는 사람 모두 걱정 없이 축제에 참가할 수 있게 하려면 어떻게 하면 좋을까?'라는 주제를 다뤄도 좋다.

- 돌아보기 시간에는 다음의 '지금 우리는?'을 참고하여 두 가지 관점, 공동체나 지역에서의 교류 행사 참가와 나라별로 일하는 방식(태도)에 대한 문제를 놓고 진행할 것을 추천한다.

🄷 지금 우리는?

- '축제가 다가왔다' 상황은 우리 사회의 다양한 이주민의 노동 형태와 이들이 타국의 문화 행사에 참가하는 문제와 연결된다.

- 실제 우리 사회에는 민족의 문화적 정체성을 존중하는 행사가 많다. 지역 축제에서도 이주민이 참여하는 다문화 교류가 다양하게 진행되고 있다. 자치단체의 국제교류센터에서 각국의 전통 요리를 소개하는 요리 교실을 열기도 하고, 유학생이 증가하고 있는 대학에서도 자체적인 국제교류 행사를 개최한다. 학교 수업에서는 이와 같은 사례를 조사하여 발표하도록 하면 좋을 것이다.

- 필자는 롤플레잉 후에 문제 해결 방법을 찾는 토론 시간을 갖기도 했다. 이때 표주박나라의 축제 기간을 연장해서 느슨나라나 재깍나라의 문화를 소개하는 날을 마련하자는 제안이 있었는데, 이처럼 문화 교류와 융합에 대한 관점도 나눌 수 있을 것이다.

- 최근 일본 지방자치단체에서는 다문화 공존 마을 만들기 추진을 위해 공식 웹사이트에서 생활 정보, 이벤트 정보, 재해 정보 등을 포르투갈어, 한국어, 중국어, 영어, 스페인어 등 다양한 언어로 제공하고 있으며 다국어로 방송하는 지역 커뮤니티 방송도 늘고 있다. 한국 지역교육청에서는 다문화가정 학부모를 대상으로 다국어 공문이나 문자 메시지를 발송하고, 교육청 민원실에 인공지능 통번역기를 비치해 놓기도 했다.

- 이 수업의 목적 중 하나는 국제친선이나 국제교류에 있어 식사 예절이나 전통의상, 축제 등 이른바 3F(food, fashion, festival)에 착안하여 민족문화의 고유성, 상대성을 인정하고 이주민의 사회참여 기회가 평등해야 한다는 점을 부각하는 것이다.

- 그렇지만 결과적으로 실제 이주민의 사회 참여(이 경우는 축제 참가)가 평등하지 않으며 이는 노동 형태와 임금의 격차, 즉 다수자와 소수자라는 사회적 관계에서부터 문제의 원인을 파악해가는 것이 중요

하다는 것을 발견하는 것이다.

• 일본에서 외국인 등록을 하고 일하며 사는 대다수 외국인은 '기술
연수'나 아르바이트 등을 한다. '유학생(자격 외 활동)'이라는 틀 안에
서 비정규고용 또는 저임금노동과 같은 불안정한 취업 조건에 놓인
경우가 많은 것이다. '특정 기능' 분야의 취업도 마찬가지이다. 한국
은 '산업연수생'이라는 이름으로 외국인노동자를 관리하다가 2004
년부터 '고용허가제'를 도입하였다.* 이 제도하에서 일하는 외국인
은 산재보험, 최저임금, 노동 3권(단결권, 단체교섭권, 단체행동권)의 법
적 권한을 보장받는다. 하지만 이 법은 고용주의 신청에 따라 입국
을 허가하는 제도로 외국인노동자가 자유롭게 사업장을 옮길 수 없
다. 이러한 제한 조건 때문에 외국인노동자는 이직이 자유롭지 않
고, 고용주로부터 부당한 대우를 받아도 대응하지 못하는 경우가
많다.

* 외국인을 위한 고용허가제 안내. 한국산업인력공단. https://bit.ly/3SQS4jd

제4장

표주박나라 교육의 위기

교육의 국제화

1 목표

언어나 교육에 대한 가치관의 차이로 인해 다수의 원주민은 소수민족에게
문화동화 현상을 강요하고 소수민족은 문화적 차이와 다름을 주장하게
되면서 양측의 대립이 어떻게 사회문제로 이어지는지 그 과정을 이해한다.

2 시간

- 50~70분(스토리 이해 10분, 작전타임 10분, 롤플레잉 10~15분, 순위 정하기
  등 10~15분, 피드백 10~15분)
- 응용 편: 50분

3 진행 순서

❶ 역할 카드를 이용해 '표주박나라 교육의 위기' 상황을 이해한다.

❷ 5인 1조로 나눈다.

❸ 역할 카드 '표주박나라 교육의 위기'를 나눠준다.

❹ 역할을 정한다. (5인의 인물과 역할)

    A. 표주박교육위원회 위원장

    B. 느슨학교 설립운동협의회 대표

C. 표주박학교 교원

D. 재깍경제인연합회 대표

E. 진행자

❺ 각각의 역할과 입장을 이해하기 위해 작전타임을 갖는다. 같은 역할을 맡은 사람끼리 모여서 역할을 분석한다. 진행자는 역할별 그룹에 가서 대사에 담긴 의미에 관해 조언한다.

❻ 모두 각자의 그룹으로 돌아가 자신이 맡은 역할의 입장에서 '표주박나라 교육의 위기'에 대해 이야기한다. 진행자(E)는 가능한 한 그룹 내의 모든 사람이 발언할 수 있게 하되 중립적일 필요는 없으며 급하게 해결책을 내놓지 않아도 된다. 오히려 역할별 의견을 끌어내어 타협이나 조정을 유도하면서 토론의 장을 만든다. 이것은 이후 '피드백' 단계에서 도움이 된다. (토론은 10~15분이 적당)

❼ 아홉 개의 정책 카드를 나눠주고 정책에 관해서 하나하나 설명한다.

　① 표주박나라 문화 우선

　② 느슨학교 설립 불가

　③ 외국인 배제

　④ 외국인을 위한 국제학교 설립

　⑤ 느슨학교 설립

　⑥ 외국인 보조교사 배치

　⑦ 교사 양성 및 교원 연수기관에서 외국어 이수

　⑧ '국제이해교실' 개설

　⑨ 문화의 다양성을 이해하기 위한 교육과정 개발

❽ 정책 카드의 순위를 매긴다. 이때는 자신의 역할에서 벗어나 그룹 팀원들과 정책 카드를 놓고 토의하면서 이상적인(대립을 최소화하는) 정책부

터 선택한 후 '다이아몬드 순위' 방법을 따른다. 그룹 내의 진행은 진행자(E)가 계속 이끌어간다.

그림과 같이 9장의 카드를 '좋음, 대체로 좋음, 보통, 대체로 좋지 않음, 좋지 않음'의 5단계로 나누어 다이아몬드 모양으로 배치한다.

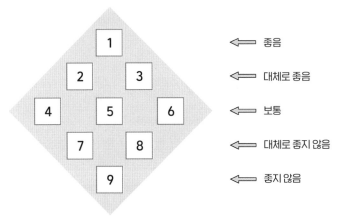

❾ 각 그룹에서 완성한 다이아몬드 순위에 관해 이야기를 나눈다.

● **피드백** ●

❿ 롤플레잉을 마친 후 그룹 안에서 역할 카드를 서로 돌려 읽으며 5명의 입장을 함께 확인한다. 역할에서 벗어나서 롤플레잉을 할 때 느낀 기분이나 다른 이의 태도나 입장 등에 관해서도 서로 묻고 답하면서 이야기를 나눈다.

⓫ 그룹별로 정책 순위를 발표하고 모두가 공유한다. 이때 최상위와 최하위의 카드, 그리고 가장 논쟁이 된 카드 등에 주목한다.

⓬ 응용 편: 다문화학교, 외국인학교 등의 사례를 통해 문제에 대한 이해를 돕거나 문제 해결을 위한 논의를 할 수도 있다.

1 '표주박병목지구'에 정착한 느슨인은 느긋하고 태평한 스타일입니다. 부지런한 재깍인과는 대조적으로 짧은 시간제 일이나 극히 단순한 일을 처리하는 비정규직 일에만 종사합니다. 하루하루 잘 사는 것으로 충분하다고 생각하며 예로부터 전해오는 생활 방식을 따르며 살고 있습니다.

[그림 47]

2 그러다 보니, 간단한 일조차 재깍인에게 빼앗길 지경에 이르렀습니다. 일자리를 잃은 느슨인은 대낮부터 길거리를 배회하거나 고향에서 했던 습관대로 '낮잠'을 자기도 합니다. 표주박인은 그런 느슨인을 보고 '게으르다'면서 좋지 않게 평가하고 있습니다.

[그림 48]

3 느슨인 가정은 자녀가 많고 전통적인 대가족 형태가 대부분입니다. 그래서 표주박병목지구의 표주박학교에 입학하는 느슨나라 아이들이 급격히 늘었습니다.

[그림 49]

4 표주박학교에 다니고 있는 느슨나라 아이들은 수업 중에도 아무렇지 않게 잠을 자서 선생님을 난처하게 합니다. 표주박나라 재깍나라 아이들은 '느슨인은 잠꾸러기야!'라고 하면서 느슨나라 아이들을 무시합니다.

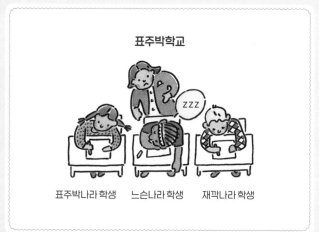

[그림 50]

5 느슨나라 아이들은 수업 시간에 낮잠을 잘 뿐만 아니라, 표주박어를 열심히 배우려 하지도 않고 의사 표현도 제대로 못합니다. 이 때문에 수업 내용을 이해하지 못하고 흥미도 없을 뿐만 아니라 학교 규칙도 잘 지키지 않고 학교에 오지 않는 일도 많아졌습니다.

[그림 51]

6 느슨나라 아이들의 부모는 '아이들이 어려운 표주박어를 열심히 배워서 성적이 올랐으면 좋겠다' 같은 생각을 전혀 하지 않습니다.

[그림 52]

7 되레 느슨나라 문화를 지키고 느슨나라 아이들을 교육하기 위해 '느슨학교'를 설립하자는 운동을 시작했습니다.

[그림 53]

8 반면 부지런히 일해서 부를 쌓은 재깍인은 표주박교육위원회에 표주박학교의 교육과정에 '재깍문화'도 다뤄달라는 주장을 담은 개선안을 제출했습니다.

[그림 54]

9 표주박방송국은 느슨인과 재깍인의 동향을 우려하며 '표주박나라 교육의 위기' 또는 '표주박문화의 위기'라고 보도했습니다.

[그림 55]

10 표주박인, 재깍인, 느슨인을 대표하는 각 단체의 대표자가 표주박학교에 모여서 회의합니다.

[그림 56]

5 역할 카드 내용

A. 표주박교육위원회 위원장

- 당신은 표주박교육위원회 대표로서 '표주박문화를 유지하기 위해서는 표주박어 보급이 필요하다', '표주박나라의 미래를 위해서는 표주박교육의 질을 향상하여 우수한 표주박국민을 양성해야 한다', '표주박나라의 건강한 재정 운용을 위해서 교육 비용을 삭감해야 할 상황에서 불필요한 학교를 건립할 수 없다', '외국인이더라도 표주박나라에 거주하는 한 표주박국민이 되도록 교육받아야 한다'라고 생각합니다.

  * 당신은 정책 카드 ① ② ③을 우선하는 입장입니다.

표주박교육위원회 위원장

[그림 57]

B. 느슨학교 설립운동협의회 대표

- 당신은 느슨학교 설립운동협의회 대표로서 '느슨나라 아이들의 학력
이 낮고 '잠꾸러기'라고 놀림받는 것은 표주박학교의 엄격한 교육과정
과 표주박어로 하는 수업 때문이다', '소수민족의 적극적인 권리보호를
위해 교육의 기회 균등과 충분한 학습권 보장이 필요하다. 이런 의미에
서 느슨학교가 설립되는 것이 마땅하다'라고 생각하고 있습니다.

  * 당신은 정책 카드 ④ ⑤를 우선하는 입장입니다.

느슨학교 설립운동협의회 대표

[그림 58]

C. 표주박학교 교원

- 당신은 표주박학교 교원으로서 '표주박나라 아이들이 학교 수업이나 활동 시간에 재깍문화나 느슨문화를 배우는 것은 매우 유익한 일이다', '표주박어를 모르는 느슨나라와 재깍나라 아이들에게 표주박어를 가르쳐 줄 수 있는 재깍인과 느슨인 표주박어 교사를 양성해야 한다', '소수의 문화일지라도 인정해야 하며, 표주박학교의 정규교육과정 이외에 보충수업을 개설해 느슨나라와 재깍나라의 언어 및 문화를 학습할 기회를 마련해야 한다'라고 생각합니다.

  * 당신은 정책 카드 ⑥ ⑦을 우선하는 입장입니다.

표주박학교 교원

[그림 59]

D. 재깍경제인연합회 대표

- 당신은 재깍경제인연합회 대표로서 '현재 표주박교육은 표주박문화만을 중시한다', '소수의 외국인 문화도 다수의 원주민 문화와 동등하게 인정되는 것이 마땅하다', '표주박교육의 활성화를 위해서 표주박경제에 공헌하고 있는 재깍문화도 배워야 한다', '표주박학교 교육과정에 재깍 교육과정을 신설해서 재깍나라 아이를 비롯해 모든 아이가 재깍나라 언어와 문화를 배울 수 있도록 해야 한다'라고 생각합니다.

  ＊ 당신은 정책 카드 ⑧ ⑨를 우선하는 입장입니다.

[그림 60]

E. 진행자

- 당신의 역할은 입장이 서로 다른 4명의 의견을 듣고 갈등을 조정하여 정책의 우선순위를 결정하는 것입니다. 당신의 생각대로 적절한 조언을 해주세요. 제한된 시간 안에 결론을 내지 못해도 괜찮습니다. 이 경우 그룹별로 결론에 이르지 못한 이유를 찾을 수 있게 도와주세요.

진행자 · 퍼실리테이터

당신은 진행자이자 퍼실리테이터입니다.

입장이 서로 다른 사람들의 대화를 진행합니다.
대립하는 의견이나 이해관계를 조정하고 조언해주세요.

그리고 당신의 역할은 정책의 우선순위를 결정하는 것입니다.

그러나 주어진 시간 내에 결정하지 못해도 괜찮습니다.
그런 경우에는 결론이 나지 않은 이유가 무엇인지
함께 내용을 돌아보면서 생각할 수 있도록 유도해주세요.

[그림 61]

6 '표주박나라 교육의 위기'를 구하는 아홉 가지 정책

각각의 입장에 따라 의논하고 아래의 정책에 대해 순위를 매긴다.

1	2	3
표주박문화에 대한 이해를 촉진하고 표주박인으로서의 자부심을 높인다.	느슨학교는 인정할 수 없다.	외국인은 표주박교육에서 배제한다.
4	**5**	**6**
외국인을 위해서 국제학교를 만든다. 표주박인의 입학도 허용한다.	표주박학교와는 별도로 느슨학교를 마련하여, 느슨인을 위한 교육을 진행한다.	모든 표주박학교에 표주박어가 가능한 외국인 담당 보조교사를 배치한다.
7	**8**	**9**
표주박학교 교사를 희망하는 표주박인에 대해 외국어와 문화 이해 과정 이수를 필수로 한다.	정규시간 외(방과후)에 재깍나라와 느슨나라의 문화를 가르치는 〈국제이해교실〉을 마련한다.	표주박학교 교육과정을 개선하여 정규 시간표에 다문화 학습시간을 편성한다.

* 정책 카드는 인원수만큼 준비하여 점선을 따라 잘라 사용   [그림 62]

❶ 표주박문화에 대한 이해를 촉진하고 표주박인으로서의 자부심을 높인다.

❷ 느슨인을 위한 학교는 인정할 수 없다.

❸ 외국인은 표주박교육에서 배제한다.

❹ 외국인(특히 재깍인)을 위해서 국제학교를 만든다. 단 표주박인의 입학을 허용한다.

❺ 표주박학교와 별도로 느슨학교를 설립해 느슨나라 아이들을 교육한다.

❻ 모든 표주박학교에 외국인(재깍인·느슨인) 담당 보조교사(표주박어를

할 수 있는 외국인)를 배치한다.

❼ 표주박학교의 교사가 되려는 표주박인은 외국의 언어와 문화 이해 수업을 반드시 이수한다.

❽ 정규교육과정 외(방과후)에 재깍문화와 느슨문화를 가르치는 '국제이해 교실'을 개설한다.

❾ 표주박학교의 정규교과시간에 다문화 학습과정을 개설하는 것으로 교육과정을 개선한다.

● 주 ●

• 국제학교는 '표주박나라의 모든 사람'이 배울 수 있는 학교로 설정한다.

• 교육과정이라는 말은 학생들에게 익숙하지 않기 때문에 교육 내용이나 공부하는 내용이라고 바꿔 말해도 된다. '교육과정 외'란 정규 수업이 아닌 '방과후 수업'을 말한다.

❼ 진행 방법과 돌아보기 & 톡톡 팁!

• 롤플레잉의 대화 주제는 '표주박나라 교육의 위기를 어떻게 해결할 것인가?' 또는 '느슨학교 설립을 인정할 수 있는가?'이다.

• 작전타임에 각각의 역할이 주장하는 내용을 정확하게 이해하는 것이 중요하다.

• 롤플레잉은 15분 정도 진행하며, 이 시간 안에 결론을 낼 필요는 없다.

• 롤플레잉 후에는 역할에서 벗어나 토의하며 정책 순위를 매긴다 (15분 정도). 정책 카드는 역할 카드에 있는 발언에 기초한 것이기 때문에 논

의가 활발히 이뤄질 때, 정책 순위 결정을 위한 대화까지 순조롭게 이루어질 수 있다. 또한 역할별로 우선시하는 정책은 무엇인지, 그 주장의 이유는 무엇인지, 역할별 생각의 근거가 무엇인지를 충분히 고려하면서 토론에 참여하는 것이 중요하다.

- 이주배경의 아이들이 증가하는 다문화사회에서 교사가 되기를 희망하는 학생이라면 3단계 상황을 이해하는 것이 꼭 필요하다.
- 이주배경의 아동·청소년이 있는 교실에서 이 활동을 진행한다면 해당 학생들의 한국어 구사 능력을 비롯해 그들의 상황이나 입장 등이 시뮬레이션 상황과 연계될 수 있으므로 이를 고려해야 한다.
- 이 활동은 다문화학생, 이주민, 다문화사회에 대한 이해, 다문화 공존을 위한 교육 등을 주제로 한 교육에 효과적으로 활용할 수 있다.

● **피드백** ●

- 정책 순위를 정할 때 참가자들이 각자가 맡은 역할에서 벗어나 토론하면 좀 더 다양한 결과를 얻을 수 있다.

이상형

- 정책 카드 ⑨ ⑧ ⑦ ⑥이 상위에 오는 유형. 이들은 '표주박학교 교원'이나 '재각경제인연합회 대표'의 발언과 주장에 상응하며 보편주의나 인종평등주의(다문화주의) 가치에 부응한다. 주로 고등학생, 대학생, 시민, 젊은 교사가 이 카드를 고르는 경향을 보인다. 이는 요즘 시민들과 젊은 세대가 문화에 대해 동화나 배척(국수주의, 정책 카드 ① ② ③) 또는 분리(정책 카드 ④ ⑤)가 아니라 자유를 지향한다는 것을 의미하며 사회의 성숙도를 보여준다고도 할 수 있다.

현실형

- 정책 카드 ④ ⑤가 상위에 오는 유형이다. '느슨학교 설립운동협의회 대표'의 발언과 주장을 뒷받침하며 보편주의·반동화주의(다수자의 동화에 대한 거부)에 가치를 부여한다. 주로 이주배경 학생의 진로 보장을 주장하는 사람들이나 인권교육 관련 교사, NGO 단체 등이 이러한 유형을 보인다. 이들은 소수자가 다수자의 문화에 동화되어야 한다는 입장에 반대하므로 자칫 분리주의로 보일 수 있다. 그러므로 차별이나 인권 침해 문제를 겪는 이주배경의 학생을 마주하는 교사라면 동화를 우선시하는 일반 학교보다 '다문화학교'나 '국제학교', '민족학교'가 학생들에게 자유와 평등을 좀 더 보장한다고 생각할 수 있다.

- 이들에게 현실 사례를 제시하고 '과연 무엇이 우리 사회나 이주민에게 좋은 선택일지'에 관해 고민할 수 있게 진행한다.

- 일본에는 재일한국인의 민족학교, 브라질인 학교, 아메리칸 스쿨 같은 국제학교가 있으며, 공립학교 중에서도 귀국 학생 수용 전문학교인 국제학교 등이 있다. 최근에는 재일한국인을 위한 국제학교도 설립되었다. 역사적으로 봐도 일본인 이민자들은 외국에서 일본어 학교를 설립하기도 했다.

- 교육에서는 보편주의적 관점에서 표주박인, 재각인, 느슨인 등에게 교육의 기회를 평등하게 부여해야 한다는 것을 우선하고 있다. 그러나 이주배경 학생들의 학습 곤란이나 언어 학습 기회 부족 문제 등이 제대로 다루어지지 않은 채 평등한 기회가 주어진다면 이는 결국 불공평한 결과로 이어질 수밖에 없다는 사실을 깨달아야 한다. 외국인학교의 경우 학생들의 모국어뿐 아니라 이주한 나라의 언어와 모

국어를 공통어로 함께 교육하는 것으로 아이들의 학습권을 보장해야 한다. 이를 통해 '결과의 평등(학생들이 사회에 진출할 때 같은 출발선에 설 수 있게 하는 것)'을 중시하는 공정 개념이 명확해질 수 있다.

국민통합형

- 드물긴 하지만 외국인이 함께 참가하는 워크숍에서 종종 나타나는 유형이다. 정책 카드 ①이 우선순위 상위에 있는 경우이며 '표주박교육위원회 위원장'의 주장처럼 보편적 인종주의에 기초한다. 이 유형은 자신의 민족성을 버리고 이주한 나라의 새로운 '국민'이 되고자 한다. 프랑스에서 무슬림 이주민에게 '프랑스 공화국의 국민'으로서 학교에서 히잡 착용을 금지하였는데* 이것이 보편주의의 예가 될 수 있다. 실제 국민통합형 유형은 소수자가 다수자 쪽으로 동화되는 경우가 많다.

- 최근 국제결혼, 이주 등으로 인해 청소년의 문화적 배경이 다양해지고 있다. 국가 간 문화가 활발히 교류되며 국내에서도 다문화 현상이 늘고 있다. '단일민족'에 대한 인식 변화와 더불어 다양한 문화와 공존하는 새로운 '한국인 상'을 모색하는 시도와 노력이 국민통합형 유형의 예가 될 수 있다.

---

* 2004년 프랑스에서 제정된 '공립학교 내 종교적 상징물 착용·금지법(이하 히잡금지법)'을 둘러싼 논쟁.

8 지금 우리는? – 이주배경 학생에 대한 학습 지원

● 정부 ●

- 1990년대 이후 국제결혼 증가와 해외 인력 유입 등으로 다문화가 정·외국인 가정이 증가하는 추세이다. 교육부 정책에서 다문화학생 은 국제결혼 가정 학생과 외국인 가정 학생을 의미한다. 이때 국제결 혼 가정의 학생은 국내출생 학생과 중도입국 학생을 포함한다. 다문 화학생 수는 매년 증가하여 2020년 현재 147,378명에 이른다. 그중 국제결혼 가정 국내출생 학생이 113,774명(77.2%), 국제결혼 가정 중도입국 학생이 9,151명(6.2%), 외국인 가정 학생이 24,453명(16.6%) 이다.[*] 이 학생들의 부모 출신국 비율을 보면 베트남 31.7%, 중국(한 국계 제외) 23.7%, 필리핀 10.3%, 중국(한국계) 8.3%, 일본 5.9%이다.

- 학교급별 분포를 보면, 초등학교 107,694명(73.1%), 중학교 26,773명 (18.2%), 고등학교 12,478명(8.5%)로 약 90% 이상이 의무교육 단계에 재적 중이다.[**] 다문화가정 학생의 입학 초기 조기 적응을 돕기 위 해 특별학급 형태의 한국어 학급을 두고서 KSL(Korean as a Second Language) 교육과정을 통해 한국어를 집중 교육하고 있다. 이러한 한국어 학급이 운영되지 않는 학교의 경우에는 지역 다문화교육지원 센터를 통해 찾아가는 한국어교육을 제공하고 있다. 또한 초등학교 와 중학교 입학 예정인 다문화학생을 대상으로, 입학 초기 학교생활 조기 적응을 위한 프로그램인 '징검다리 과정'을 제공한다.

---

[*] 주요통계(2021.7.5일 접속) 출처 : 중앙다문화교육센터, 다문화교육포털,
[**] 출처 : 교육부(2021.2) '2021년 다문화교육 지원계획'

- 다문화학생의 교육권 보장을 위해 거주 증명만으로 학교 교육을 받을 수 있다. 2020년 '초중등교육법시행령'을 개정하여 중도입국 학생의 중학교 입학, 전학, 편입학 절차 개선 및 학력 심의 대상을 확대해서 난민이나 무연고 아동처럼 서류가 불충분하여 학력 증명이 어려운 학생도 학력심의위원회 심의를 통해 학력을 인정받을 수 있도록 지원하고 있다.

● 외국인의 고용 형태와 자녀의 취학 상황 ●

- 2020년 현재 고용허가제를 적용받는 외국인노동자는 503,077명으로 체류 외국인의 19.9%를 차지하고 있다(법무부, 2020). 정부는 고용허가제 도입 등을 통해 외국인노동자의 출신국 모집 단계의 투명성 보장, 외국인노동자의 최저임금 보장 사업장 이동의 제한적 허용, 인권 보호 등 제도 개선이 있었다고 주장하지만, 외국인노동자의 장기 거주 또는 정착을 금지하는 원칙을 유지하고 있어 모든 외국인노동자는 기간제 비정규직 노동자라고 할 수 있다.
- 출입국관리법은 미등록 체류 외국인노동자의 단속과 강제 퇴거를 통해 외국인노동자에 대한 노동 통제를 강화하고 있으나 미등록 외국인노동자의 수는 증가 추세에 있다.
- 이들의 자녀도 UN 아동권리협약에 따라 국내의 교육을 받을 수 있는 권리를 보장하고 있으므로 절차에 따라 학교에 취학할 수 있다. 그럼에도 불구하고 실제 학교에 진입하는 과정에는 많은 어려움이 있고 진학 후에도 수업 적응, 친구 관계, 학교생활 등에서 여러 문제가 발생하고 있다. 또한 경제적 어려움과 단속에 대한 불안감 등으로 인하여 심리적 어려움을 겪고 있으나 이들에 대한 사회적 지원은 미

비한 상태이다.

- 중앙과 지역 간의 연계를 강화하면서 지역의 다문화교육 지원을 담당하는 다문화교육지원센터가 17개 시·도 지역에서 운영되고 있다. 국가평생교육진흥원의 중앙다문화교육센터가 다문화교육 지원 업무를 담당하고 지역 다문화교육지원센터를 설치하여 지역별 여건에 맞는 다문화교육 지원 모델을 구축하고 지역 특화 다문화교육 사업을 운영하고 있다.* 지역에 따라 교육청에서 운영하거나(전라북도) 국제교육원에 편입되어 운영되는 곳(충청북도)도 있다.

- 서울다문화교육지원센터는 다문화학생 비율이 높은 서울 남부 지역을 중심으로 서울 전체 다문화교육을 집중적으로 지원하기 위해 2019년 개소했다. 서울다문화교육지원센터는 다문화학생, 학부모, 선생님들 모두가 이용할 수 있는 공간으로 다문화학생 한국어 교실, 다문화학생·학부모 상담 프로그램, 다문화교육 담당 교원 및 학부모 역량 강화 프로그램 등을 운영하고 있다. 2020년 9월부터 중도입국 학생 공교육 진입 지원 서비스로 '한빛마중교실'을 운영하고 있다. '한빛마중교실'은 학적 생성 이전의 다문화청소년을 대상으로 한국어, 문화예술 등 학교 생활 적응을 위한 교육을 지원하고 있다.

- 충청북도다문화교육지원센터는 초등·중등 디딤돌 과정, 세계문화 체험 캠프, 다문화 이중언어 말하기대회, 다문화가정 다국어소식지 《WITH》 발행, 학부모 한국어교실 등을 운영하고 있다. 초등·중등

---

* 출처: 다문화교육포털, '2019 다문화교육 지원계획'

디딤돌 과정은 입학 대기 중이거나 중도입국 다문화학생에게 한국어 및 한국문화 적응 능력을 지원하고 있다. 세계문화 체험 캠프는 여러 나라의 문화와 역사를 이해하고 체험하는 문화다양성 교육으로 다문화학생은 물론 한국 학생도 참여함으로써 학교 구성원의 다문화 감수성 함양을 도모하고 있다. 다문화가정 다국어소식지《WITH》는 연 2회 7개 국어(한국어, 중국어, 일본어, 영어, 베트남어, 몽골어, 러시아어)로 발행되어 다문화가정 학부모에게 다양한 교육 소식을 제공하고 있다.

- 경북다문화교육지원센터에서는 다문화맞춤형교육으로 언어교육, 대학 위탁 진로·직업 교육, 알림장 번역 및 상담 통역 서비스를 운영하고 있다. 언어교육은 초·중·고등학교 중도입국 다문화학생을 대상으로 한국어교육과 유치원을 대상으로 한 유아 기초언어로서의 한국어 사용 능력 강화를 위한 교육을 지원하고 있다. 대학 위탁 진로·직업 교육은 공모를 통해 선정된 대학이 교육을 위탁하면, 진로의 설계 및 전공 분야 기초 소양 함양, 자격증 취득을 지원하고 있다. 알림장 번역 및 상담 통역 서비스로는 한국어 능력이 부족한 초등학교 1학년 학생과 학부모를 대상으로 알림장을 번역해주고 학부모 상담 주간 및 위클래스 상담에 통역을 지원한다.

- 서울시, 안산시, 수원시 등 수도권 지자체에서는 글로벌청소년센터를 운영하고 있다. 글로벌청소년센터에서는 교육문화 지원, 심리 정서 지원, 진로 재능 지원 등의 사업을 운영하고 있으며, 사회통합 지원 사업으로 여성가족부와 법무부 등 관계 부처와 연계하여 사각지대 난민 가정의 아동·청소년과 그 가족이 한국에 정착하고 자립할 수 있도록 지원하고 있다.

● 시민단체 및 NGO ●

- 공교육 내에서도 다문화학생을 위한 실제적이고 구체적인 논의가 정부 부처별로 다각도로 이루어지고 있다. 특히 교육부에서는 다문화 가정 학생을 위한 정책과 맞춤형 개별 지원을 지향하지만 전체 학생의 3%에 달하는 다문화학생에 대한 지원은 정부, 지자체, 학교는 물론 민간단체 등에서도 원활한 협력이 이루어져야 한다.

- 아시아언어문화연구소는 2007년 외국인노동자 및 결혼이주여성들이 언어와 문화로 힘들어하는 것을 돕고자 언어공부방으로 시작한 NPO단체로 다문화학생을 위한 사업과 성인을 위한 사업으로 운영하고 있다. 이중언어수업, 결혼이민자 직무 교육, 다문화체험 활동, 봉사활동 프로그램 등을 진행했고, 현재는 예술심리교육, 그림에세이집 출간 프로젝트, 지구촌마을 미디어글로컬 기자단 운영, 지구촌문화예술공연단, 동아시아 엄마나라 언어교실, 다양한 가족 이해, 세계시민학교 등의 사업을 확대 운영하고 있다. 교육청-자치구-민간단체 협력 사업으로 학습 지원, 정서·심리지원, 특별 돌봄 등 개인별 맞춤형 교육 프로그램을 연결하고 지역 내 연계를 제공하는 역할을 하고 있다.

- 어린이들이 생존하고 학습하는 방식은 매우 다양하다. 개개인의 생활사 또는 민족사라 할 수 있는 문화기술지(에스노그래피) 접근이나 작업 반경을 넓히면서 '다양한 어린이 모습'을 형성해가는 것은 문화적 관점을 풍부하게 만들어준다. 이는 다양한 시민적 정체성 형성에 기여할 수 있다.

제5장

4단계 ▶ **느슨타운을 인정할 수 있을까?**

거주지역과 비용

① 목표

다수자에 대한 위화감은 소수자의 분리주의로 이어질 수 있으며, 이는 집단거주 또는 소수민족끼리의 분리 거주를 불러일으키기도 한다. 또한 사회 안전망 문제와 복지재정 문제가 발생하기도 한다. 이러한 것을 인지하고 다문화주의 및 다문화 공존은 사회적 비용을 수반한다는 것을 이해한다.

② 시간

- 50~70분(스토리 이해 10분, 작전타임 10분, 롤플레잉 10~15분, 랭킹 등 10~15분, 되돌아보기 10~15분)
- 응용 편: 50분

③ 진행 순서

❶ 역할 카드나 동영상을 사용해서 '느슨타운을 인정할 수 있을까?'에 관한 문제 상황을 이해한다.
❷ 5명 1조 그룹으로 나눈다.
❸ 역할 카드 '느슨타운을 인정할 수 있을까?'를 나눠준다.

❹ 역할을 정한다. (네 명의 인물, 한 명의 진행자)

　① 표주박주민(다수자) 대표

　② 느슨주민(소수자) 대표

　③ 표주박대학 교수

　④ 표주박대학 재깍학생 대표

　※ 진행자 역: 표주박정부의 정책 담당 공무원

❺ 각각의 역할과 입장 이해를 위한 작전타임을 가진다. 같은 역할끼리 모여서 '느슨타운을 인정할 수 있을까?'라는 문제 상황을 중심으로 해당 인물의 입장이 되어 각각의 생각이나 의견을 정리한다.

❻ 자신의 그룹으로 돌아가 역할과 입장에 따라 '느슨타운을 인정할 수 있을까?'에 관해서 의논한다.

❼ 사회자는 입장별로 의견을 들으며 타협과 조정을 유도한다.

❽ 롤플레잉이 끝나고 역할에서 벗어난 후 앞서 제시한 문제 상황에 관한 의논을 위해 아홉 개의 정책 카드를 나눠준다.

　① 느슨타운 혼합 거주단지 · 재개발 정책

　② 땅끝마을지구의 집단거주 · 기업단지 정책

　③ 표주박인 거주지구 격리 · 신흥단지 건설 정책

　④ 느슨타운 분리 · 재정예산 배분 정책

　⑤ 느슨타운 보호 · 높은 수준의 복지정책

　⑥ 느슨타운 규제 · 사회개선 정책

　⑦ 느슨인 지위 향상 · 장학금 정책

　⑧ 재깍인 혼합 거주단지 · 경제활성화 정책

　⑨ 재깍인 거주지구 신설 · 관광자원화 정책

❾ 아홉 개의 정책에 관해 간단히 설명한다.

⓵ 순위를 매긴다. 역할과 상관없이 같은 그룹에서 정책 카드로 우선순위를 매기기 위한 토론을 펼쳐서 대립을 최소화할 수 있는 이상적인 순위를 찾는다. 순위는 '다이아몬드형' 정렬 방식을 이용한다. 진행자는 '진행자' 역할을 맡는데 반드시 다이아몬드형의 순위가 되지 않아도 괜찮다.

● **피드백** ●

⓫ 롤플레잉을 마친 뒤 카드의 내용을 읽고 5명의 입장을 확인한다. 모든 그룹의 구성원은 각자의 역할에서 벗어난 상태에서 롤플레잉을 할 때 느꼈던 생각을 그룹에서 나눈다.

⓬ 각 그룹에서 결정한 순위를 발표하고 공유한다. 이때 최상위와 최하위의 카드 그리고 가장 논쟁이 되었던 카드에 관해 이야기를 나눈다.

⓭ 응용 편: 국내의 외국인 거리나 이주민 밀집 지역 등의 실제 사례를 이야기하거나 관련 문제 해결을 위해 의견을 나눠본다.

1 표주박병목지구에 느슨인이 늘자 표주박인은 다른 지역으로 이사했습니다. 또한 표주박병목지구에 살며 열심히 일한 재깍인은 재산이 늘자 표주박병목지구를 떠나 고지대의 고급 주택으로 많이 이사했습니다.

[그림 63]

2 느슨인은 대부분 비정규직이라 여전히 수입이 불안정하지만, 친척이나 동료끼리의 유대를 소중하게 생각하고 서로 도우며 사는 것이 무엇보다 가치 있다고 믿습니다. 그 결과 느슨인은 표주박병목지구에 모여 살게 되었습니다.

[그림 64]

3 표주박병목지구에 느슨인이 모여 살게 되면서 이제까지 표주박나라에 없던 문화가 나타나는 다문화마을이 되었습니다. 표주박병목지구는 언제부터인가 '느슨타운'이라고 불리게 되었습니다.

[그림 65]

4 느슨나라에서와 같은 수준의 힘을 가진 권력자가 등장해 느슨타운을 지배하게 되었습니다. 여성들은 차별받았고 마을의 치안도 점차 나빠졌습니다. 그러자 표주박인은 느슨인에 대해 좋지 않은 감정을 갖게 되었습니다.

[그림 66]

5 느슨인이 증가하면서 느슨타운의 규모도 점점 더 커졌습니다. 이에 따라 버스노선 증설, 상하수도 설비 보강, 쓰레기 발생량 증가 등으로 인해 표주박정부의 지출이 늘어났습니다.

[그림 67]

6 느슨타운에 들어가는 비용 증가는 표주박정부의 재정을 압박했고 이는 사회문제가 되었습니다. 표주박인은 자신들의 세금이 느슨인을 위해 쓰이는 것을 달가워하지 않습니다. 표주박방송국은 정부의 비용 부담 문제를 연일 보도합니다.

[그림 68]

7 표주박정부 공무원, 표주박주민 대표, 표주박대학 교수, 느슨주민 대표가 느슨타운을 둘러싼 문제를 놓고 토론을 시작합니다.

B. 표주박주민(다수자)
대표

A. 표주박정부 공무원

E. 표주박대학
재팍인
학생 대표

D. 표주박대학 교수

C. 느슨주민(소수자) 대표

[그림 69]

5 역할 카드 내용

A. 표주박정부 공무원

- 당신의 역할은 진행자입니다.
- 당신은 어떤 민족도 차별하지 않지만 정부 재정에 더 이상의 부담은 주지 않아야 한다고 생각합니다.
- 서로 다른 네 명의 이야기를 듣고 조언하거나 대립적인 입장을 조율하며 논의를 진행하여 정책 순위를 결정해주세요.
- 시간을 초과할 수 있고 제한된 시간 안에 결정하는 것이 불가능할 수도 있습니다. 이 경우 결정하지 못한 원인에 대해 이야기를 나눠주세요.

표주박인은
기회 균등의 원칙에 따라 누구도
집단에서 특별 취급할 필요는 없다.

재깍인이든 느슨인이든 집단거주지가
생기는 것은 바람직하지 않다.

표주박나라 국민의 안전과
이해를 도모한다.

정부의 직원으로서 가능한 한
재정부담은 억제한다.

표주박정부 공무원

[그림 70]

B. 표주박주민(다수자) 대표

- 당신은 느슨타운에 사는 표주박인으로 느슨인의 증가는 바람직하지 않다고 생각합니다. 표주박인만 사는 주택지가 따로 있으면 좋겠다고 생각하고 있습니다.

- 느슨타운의 느슨인 증가를 억제하고 느슨타운을 안전하고 살기 좋은 마을로 만들 것을 주장합니다.

- 표주박나라 국민으로 느슨타운에 사는 느슨인을 위한 재정이 부담될 정도로 증가하는 것이 바람직하지 않다고 생각하며 재정 억제책이 필요하다고 생각하고 있습니다.

  * 당신은 정책 카드 ① ② ③을 우선하는 입장입니다.

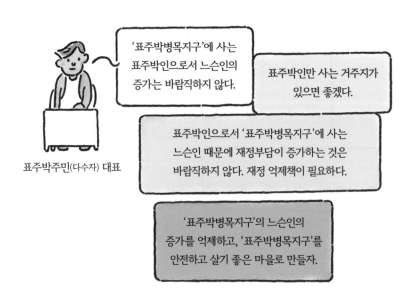

표주박주민(다수자) 대표

‘표주박병목지구’에 사는 표주박인으로서 느슨인의 증가는 바람직하지 않다.

표주박인만 사는 거주지가 있으면 좋겠다.

표주박인으로서 ‘표주박병목지구’에 사는 느슨인 때문에 재정부담이 증가하는 것은 바람직하지 않다. 재정 억제책이 필요하다.

‘표주박병목지구’의 느슨인의 증가를 억제하고, ‘표주박병목지구’를 안전하고 살기 좋은 마을로 만들자.

[그림 71]

C. 느슨주민(소수자) 대표

- 당신은 표주박병목지구에 느슨인 집단거주지 느슨타운 형성을 인정해 달라고 주장합니다.
- 느슨인은 상부상조와 배려 정신이 특히 강하다는 것을 강조합니다.
- 느슨인은 표주박인에 비해 상대적으로 소득이 적기 때문에 이들을 위한 정부 재정이 증가하는 것은 당연하며 표주박정부가 이를 부담하는 게 마땅하다고 봅니다. 이를 위해서 느슨인의 이해관계를 대표할 정당이 필요하다고 생각합니다.

  ＊ 당신은 정책 카드 ④ ⑤를 우선하는 입장입니다.

느슨주민(소수자) 대표

[그림 72]

D. 표주박대학 교수

- 당신은 대학에서 헌법을 가르치는 교수입니다. 지금까지는 이민자나 소수자 인권의 중요성을 주장했지만, 소수민족 공동체 내부에서 일어나는 인권 침해-특히 여성 차별-에 대해 상당히 비판적입니다.
- 느슨타운 내부의 인권 침해를 비판합니다.
- 느슨타운의 여성 차별을 없애고 느슨인의 지위를 향상해 사회를 개선할 것을 주장합니다. 느슨인의 경제적 상황이 개선되면 표주박정부의 재정부담이 자연스레 줄어들 거라고 주장합니다.

  * 당신은 정책 카드 ⑥ ⑦을 우선하는 입장입니다.

표주박대학 교수

[그림 73]

E. 표주박대학 재깍인 학생 대표

- 당신은 느슨타운이나 표주박나라의 거주 문제에 관해 민족끼리 분리되어 살 것과 다문화의 중요성을 주장합니다.

- 민족 특유의 문화가 깃든 마을 만들기나 관광 등 다문화화에 따른 경제적 효과를 기대할 수 있으며, 그 결과 재정이 좋아질 것이라고 주장합니다.

- 표주박대학에서 헌법을 배우는 학생으로 소수자의 인권을 옹호합니다.

  * 당신은 정책 카드 ⑧ ⑨를 우선하는 입장입니다.

[그림 74]

6 느슨타운을 둘러싼 아홉 개의 정책(순위)

1 느슨타운 혼합 거주단지·재개발 정책

- 표주박나라에서는 표주박정책에 따라야 한다.
- 느슨인의 거주지구를 인정하는 것은 느슨인만을 위한 특혜이다.
- 재정부담이 생기는 표주박병목지구에서 느슨인만 퇴거시킨다.
- 재개발해서 쇼핑센터와 표주박단지를 만들고 표주박인이 우선적으로 거주할 수 있도록 한다.

2 땅끝마을지구의 집단거주·기업단지 정책

- 느슨인 거주지구는 인정한다. 단 느슨인은 표주박병목지구에서 퇴거하고 땅끝마을지구로 이주시키고 집단거주지구로 만든다.
- 표주박병목지구에 기업단지를 조성하여 기업을 유치하면 일거양득.
- 사회기반은 계획적으로 정비할 수 있어 재정부담을 경감할 수 있다.

3 표주박인 거주지구 격리·신흥단지 건설 정책

- 느슨인의 인권을 고려한다면 느슨인을 표주박병목지구에서 퇴거시킬 수 없다.
- 표주박병목지구에서 살고 있거나 그곳에 인접한 지역에 사는 표주박인을 위해 표주박시가지에 신흥주택단지를 조성하고 표주박인의 거주지구로 지정한다.

4 느슨타운 분리·재정예산 배분 정책

- 표주박병목지구를 느슨인만 사는 거주지구로 만든다.
- 느슨나라의 문화나 가치관은 표주박인, 재깍인과는 다르기 때문에 결과적으로 표주박병목지구에는 느슨인만 살게 됨.
- 느슨당을 결성하여 의회에 의원을 보내 표주박병목지구에 대한 일정한 예산을 확보한다.
- 그러면 소득, 고용, 거주 면에서 표주박인과의 사회적 격차를 줄여 조정할 수 있다.

5 느슨타운 보호·높은 수준의 복지 정책

- 교육, 노동, 주거는 어느 인종이든 인권에 관한 중요한 사안.
- 따라서 느슨인이 서로 도우며 사는 느슨타운은 인정해야 한다.
- 느슨인이 표주박병목지구에 많이 살게 된 것은 결과론.
- 표주박헌법이 인정하는 사회적 권리에 따라야 하며 사회복지에 대한 부담이 커지더라도 어쩔 수 없다.

6 느슨타운 규제·사회개선 정책

- 느슨타운에서는 소수의 우두머리에 의한 지배와 여성 차별이 일어나 표주박헌법을 위반하고 있다.
- 범죄가 급격히 증가하고 있다.
- 느슨인의 거주지구를 인정하는 것은 표주박나라에 있어서 인권 침해를 인정하는 것이 된다.
- 이러한 사태가 계속되면 재정부담이 더 커진다.

7 느슨인 지위 향상·장학금 정책

- 표주박나라 교육에서는 느슨인의 좋은 면을 가르치고 있다.
- 느슨인이 성실하게 교육을 받아 표주박사회에 공헌할 수 있는 인간으로 성장하는 것.
- 그러면 느슨인이 어디에 살든 문제가 되지 않는다.
- 느슨타운에서 벗어나 살고 싶은 느슨인도 있을 것이다.
- 따라서 느슨인의 거주지구를 인정할 필요는 없다.

8 재깍인 혼합 거주단지·경제활성화 정책

- 표주박나라에는 소수인 재깍인도 있다.
- 느슨인만의 거주지구를 인정하는 것은 편협한 민족주의에 빠지는 것이기 때문에 반대한다.
- 오히려 부지런한 재깍인이 쾌적하게 살 수 있도록 우대조치하고 재깍인의 자본을 공적서비스의 재정부담으로 사용한다.
- 재깍인은 표주박병목지구를 개발할 수 있다.
- 그러면 표주박병목지구에서 세 나라의 국민 모두가 함께 살 수 있게 된다.

9 재깍인 거주지구 신설·관광자원화 정책

- 느슨인의 거주지구인 느슨타운을 인정한다.
- 또한 재깍인도 희망한다면 거주지구를 별도로 인정한다.
- 그렇게 하면 표주박나라에 다양한 거리 풍경과 문화지역이 생겨서 관광자원으로 활용할 수 있다.
- 재정부담을 회수할 수 있다.

＊ 정책 카드는 사람 수만큼 준비해 점선을 따라 잘라서 사용

[그림 75]

① '느슨타운' 혼합 거주단지·재개발 정책

표주박나라에서는 표주박정부의 정책을 따라야 한다. 느슨인만을 위한 거주지구를 인정하는 것은 느슨인만 특별 대우하는 것이다. 비용 부담이 큰 느슨타운에서 느슨인을 퇴거시킨 후 이 지구를 재개발해 쇼핑센터를 만들거나 표주박인이 먼저 입주할 수 있는 표주박인 거주단지를 조성한다.

② '땅끝마을지구' 집단거주·기업단지 정책

느슨인의 거주지역은 인정한다. 그러나 느슨인을 느슨타운에서 표주박나라의 끝자락인 땅끝마을지구로 이주시킨 후, 이 지역을 느슨인의 집단거주지구로 만든다. 이 경우 느슨타운이 위치한 병목지구에 기업을 유치해 단지를 조성할 수 있고 그 결과 지역의 경제도 활성화되어 일거양득이다. (다만 땅끝마을지구는 시가지와 떨어져 있어 교통이 불편하다.)

③ 표주박인 거주지구 격리·신흥단지 건설 정책

느슨인의 인권은 존중받아야 하므로 느슨타운에서 그들을 배제할 수 없다. 그러나 느슨타운 가까이에 사는 표주박인이 거주할 수 있는 신흥주택단지를 고지대에 조성하여 이주시킨다.

④ '느슨타운' 분리·재정예산 배분 정책

느슨타운은 느슨인을 위한 거주지구로 정한다. 느슨인의 문화나 가치관이 타민족과 매우 달라서, 어차피 느슨타운에는 느슨인만 살게 될 것이기 때문이다. 느슨당을 결성해서 국회 의석을 차지하고 일정 예산을 사회복지비로 편성한다. 이를 통해 표주박인과의 소득, 고용, 거주 등의 사회적인 격차를 줄일 수 있을 것이다.

❺ '느슨타운' 보호·높은 수준의 복지 정책

교육, 노동, 주거는 느슨인과 표주박인을 넘어서서 모두의 인권에 관한 중요한 사안이다. 따라서 느슨인이 서로 도우며 살아가는 느슨타운을 인정해야 한다. 느슨인이 중요시하는 상부상조나 배려의 태도는 표주박인이 잃어버린 가치이다. 표주박헌법이 인정하는 사회적 권리에 비추어볼 때 사회복지에 비용이 드는 것은 불가피하다.

❻ '느슨타운' 규제·사회개선 정책

느슨타운에서는 소수 권력자에 의한 지배, 범죄의 증가, 여성 차별 등 인권을 중요시하는 표주박헌법에 명백히 위반되는 일이 벌어지고 있다. 따라서 느슨인의 거주지구를 인정한다는 것은 표주박나라 안에서 인권 침해를 인정하는 셈이며, 이 사태가 지속된다면 더 큰 비용이 발생할 것이다.

❼ 느슨인 지위 향상·장학금 정책

느슨인은 긍정적인 의미에서 표주박인의 개인주의를 본받을 필요가 있다. 표주박나라의 교육도 느슨인의 장점을 가르치고 있으니 느슨인도 성실하게 교육받으면 충분히 표주박사회에 공헌할 수 있다. 표주박인도 그러한 느슨인을 기꺼이 받아들일 수 있게 된다. 누가 어디에 사는지는 중요하지 않게 되고, 그렇기 때문에 느슨인의 거주지구를 특별히 인정할 필요도 없다. 느슨타운을 나가고 싶은 느슨인도 있기 마련이다.

❽ 재깍인 혼합 거주단지·경제활성화 정책

표주박나라에는 또 다른 소수자인 재깍인도 있다. 느슨인만의 거주지구를 인정하는 것은 편협한 민족주의이므로 반대한다. 오히려 부지런한 재깍인이 살 수 있도록 재깍인들을 우대하고 이들의 경제력으로 느슨타운 활성화에 힘써야 한다. 이를 통해 재깍인, 표주박인, 느슨인이 함께 느슨타운에 살 수 있게 된다.

❾ 재깍인 거주지구 신설·관광자원화 정책

느슨인의 거주지구인 느슨타운을 인정하고, 만약 재깍인도 희망한다면 재깍인의 거주지구를 별도로 인정한다. 그 결과 다양한 거리 풍경과 문화지역이 조성되면 표주박나라의 관광자원으로 활용할 수 있고 이를 통해 비용도 회수할 수 있다.

７ 진행 방법과 돌아보기 & 톡톡 팁!

- 3단계 '표주박나라 교육의 위기'는 교사 연수나 학생 대상 수업, 시민 강좌 등의 인권 연수에서 활용하는 경우가 많다. 4단계 '느슨타운을 인정할 수 있을까?'의 경우 지자체 공무원 및 직원 대상 '국경 없는 마을 만들기'와 같은 연수 프로그램으로 활용할 수 있다.
- 4단계 '느슨타운을 인정할 수 있을까?'의 정책 카드에 관광 개발적인 요소, 비용 삭감 요인 등이 복합적으로 기술되어 있어 참가자가 내용을 이해하는 데에 시간이 오래 걸릴 수 있으므로 진행할 때 주의해야 한다. 또한 역할 카드에 사용된 어휘나 용어가 다소 어려울 수 있다.
- 이주민이 함께 참여하는 워크숍에서 본 활동을 진행할 때는, 그대로 사용하기 어려울 수 있으므로 진행자가 역할 카드의 내용을 충분히 이해한 후 내용을 조금 쉽게 만들거나 일부 설명을 보충할 필요가 있다.

8 지금 우리는? – 집단거주지와 분리거주지

- 4단계 '느슨타운을 인정할 수 있을까?'는 국내 다양한 이주민 거주지 역의 이야기와 연결된다. 1884년에 만들어진 '인천 차이나타운'을 비롯하여 1965년 한·일 국교정상화 이후 한국에 중장기적으로 머무르는 일본인이 모여 살게 된 '동부이촌동 일본인마을', 한국 최초(1976)의 이슬람사원이 있는 '이태원 무슬림마을', 1981년 이태원에 있던 서울프랑스학교(LFS)가 이전하면서 형성된 프랑스 '서래마을', 1990년대 초 러시아와 수교를 맺으면서 동대문시장에 온 러시아 상인들이 모인 이후 우즈베키스탄, 카자흐스탄, 몽골 등 러시아 인근 국가에서 온 상인들이 모이면서 형성된 '광희동 중앙아시아마을', 공단에 취업한 베트남, 인도네시아 등 여러 국가 출신의 노동자들이 자리 잡으면서 형성된 '안산시 원곡동 외국인마을' 등 이주민이 집단거주하는 지역은 계속 늘고 있다.

- 국가별 이주민의 집단거주는 정보 공유나 상부상조의 차원에서, 혹은 사회적 차별 때문에 발생한다. 이것은 미국에서도 일반적인 현상으로 '차이나타운'이나 '무슬림공동체' 등이 대표적인 예라 할 수 있다. 로스앤젤레스 '코리아타운'에는 한국인 이민자가 집단으로 거주하고 있다.

- 국가별 이주민들의 집단거주는 역사적으로도 실제하며 사회적으로도 분리 거주할 명분은 있다. 하지만 이 사실을 다문화 공존의 관점에서 긍정적으로 평가할 것인지 또는 사회적 분단(분열)이나 사회적 격리로 판단하는 인종주의적인 관점에서 부정적으로 볼 것인지에 따라 사회 내의 존재 방식과 정책은 크게 달라진다. 이것은 외국인노동

자나 이주민의 수용에 관한 찬반의 문제와도 연결되어 있다.

- 이주민 거주지의 문제는 해당 지역의 문제만이 아니라 이러한 이주민 거주지역이 오래전부터 어떻게 존재해 왔는지에 대한 역사적 사실이나 '지역 안의 다문화 공동체'라는 관점에서 학습하는 것이 중요하다. 외국인거리 관광사업, 지역 경기 부양책, 마을 조성 사업 같은 지역의 다양한 자원 중 하나라는 관점에서 다문화 공존을 추진하는 것도 중요하다.

- 앞서 제4장에서도 다루었듯이 많은 지자체에서는 다문화 공존을 위한 마을 조성 사업을 시행하고 있으므로 이러한 지역에 방문 또는 견학을 하는 것도 도움이 되며, 지자체 공무원은 이를 소속 지역의 사업으로 다룰 수 있다.

──── 제 6 장 ────

5단계 **표주박파워의 소멸?**
공유재산이란 무엇인가?

① 목표

❶ 인구 변화는 환경과 자원의 순환 시스템을 위협할 수 있으며 유한한 자원과 환경이 대체 불가능하다는 것을 깨닫지 못하면 인류가 큰 위험에 처하게 됨을 이해한다.

❷ 공존은 인류의 멸망을 막기 위한 필수적인 선택임을 깨닫는다.

② 시간

- 40분
- 응용 편: 30분(표주박나라의 문제 전체 피드백)

③ 진행 순서

❶ 5인 1조로 나눈다.

❷ 역할 카드를 사용해 '표주박파워의 소멸?'의 문제 상황을 이해한다.

❸ 공존의 미래를 위한 선택지를 미리 생각해둔다.

　• 4단계 때의 조별 모임을 유지한 채 각자 표주박인, 느슨인, 재깍인 역할을 맡아 토론을 진행한다.

　• 롤플레잉 대신 조별로 참가자들이 다음 지문 중 하나를 선택하여 해당 내

용으로 토론을 진행할 수도 있다.

[지문]

① 느슨인과 재깍인이 산에 들어가거나 표주박인 소유의 산을 파헤쳐 개발하는 것을 금지해야 한다. 오로지 표주박인만 산을 이용하고 관리하도록 한다. 표주박나라의 환경 보존을 위해 약용식물 및 건축 자재는 비싸더라도 수입해서 사용한다.

② 느슨인과 재깍인에게 약용식물 및 건축 자재가 반드시 필요하므로 벌채를 금지할 수는 없다. 대신 표주박파워의 에너지원을 수입한다.

③ 표주박파워 유지를 가장 우선시하여 누구도 산에 들어가지 못하게 하고 표주박산의 나무를 대체할 용품을 개발하여 약용식물과 건축 자재로 사용하도록 한다. 또한 표주박파워를 대신할 신재생 에너지를 개발한다.

④ 표주박산의 다양한 자원과 표주박농원의 중요성을 인식하여 표주박인, 재깍인, 느슨인 대표자가 모여 벌채 규모를 정한다.

❹ 시간이 있다면 이 외의 이상적인 방법을 찾아 논의한다.

④ 배경 이해하기

1 표주박나라 산자락을 따라 완만한 들판으로 펼쳐진 표주박농원은 최근 농업용수가 부족해졌습니다. 샘물, 강물, 지하수 모두 양이 눈에 띄게 줄어 표주박 재배도 어려워지기 시작했습니다.

[그림 76]

2 물 부족 현상에 불안해진 것은 농가만이 아닙니다. 생활용수까지 부족해져 시민들의 위기 의식 또한 높아졌습니다.

[그림 77]

3 표주박정부는 숲환경보전법을 제정해 산을 보호하고 있습니다. 숲을 보호해 수자원을 확보하려는 것입니다. 표주박나라에는 이제까지 한 번도 가뭄이 없었습니다.

[그림 78]

4 그러나 재깍인은 표주박삼림지구에 재깍나라에서 쓰는 목재와 똑같은 나무가 있다는 것을 알게 되었습니다. 재깍인에게 자신의 집을 짓는 것은 중요한 꿈입니다. 열심히 일해 돈을 많이 모은 재깍인 사이에서 건축 붐이 일어났고 이로 인해 많은 나무가 베어졌습니다. 표주박정부는 표주박삼림지구 전체 숲의 1% 이하로 벌채를 제한하고 있었지만 최근 5%를 넘어섰고 10%에 임박했습니다. 재깍인의 벌채가 표주박정부의 큰 문제가 되고 있습니다.

[그림 79]

5 한편 느슨인은 느슨나라에서 귀하게 여기는 약용식물이 표주박삼림지구에 자라고 있다는 것을 발견하고 열심히 채집했습니다. 심신을 이완시키는 효과가 있는 이 식물은 느슨인이 일상에서 즐기는 차와 음료의 재료입니다. 느슨인이 매일 이 식물을 채집하면서 숲은 빠르게 훼손되고 있습니다.

[그림 80]

6 표주박인도 정부의 규제 완화를 기회로 표주박삼림지구의 숲을 벌채했습니다. 기업들은 골프장을 개발하고 휴양단지를 조성하기도 했습니다.

[그림 81]

7 표주박정부의 규제 완화와 더불어 재깍인과 느슨인의 증가는 산림개발과
수목 벌채의 속도를 높였고, 약초를 비롯한 식물 또한 과잉 채집되었습니다.
숲의 이곳저곳이 사람들에게 짓밟히면서 어린나무는 건강히 자라지 못하고
말라 죽어갔습니다. 여기에 표주박인의 개발 사업이 늘면서 환경에 심각한
영향을 주고 있습니다. 서로의 이익에만 눈이 멀어 표주박삼림지구의 파괴는
계속되고 있습니다.

[그림 82]

8 산은 적갈색의 땅을 드러낼 정도로 황폐해져 물을 비축하는 힘이 극도로 약
해졌습니다. 표주박농원의 물은 나날이 부족해지더니 결국 지하수까지 마르
기 시작할 정도로 심각한 상황이 되었습니다.

[그림 83]

9 전례 없이 농장에 쓸 물뿐만 아니라 생활용수와 공업용수도 부족해지자 국민들은 점점 동요했습니다. 매일 물 부족 문제 해결을 위해 회의를 열었지만 뾰족한 방법을 찾지 못한 채 회의는 쳇바퀴를 돌 뿐입니다.

[그림 84]

10 물 부족 문제가 심각해지자 '표주박파워'에도 이변이 생겼습니다. 엔진에 물을 제때 공급하지 못해 항해 불능 상태로 빠지는 것은 시간 문제입니다. 이러한 상태가 지속되면 표주박나라는 침몰해버릴지도 모릅니다.

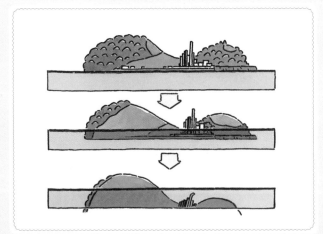

[그림 85]

⑤ 진행 방법과 돌아보기 & 톡톡 팁!

- 이 책은 단계별 다루는 사회문제가 수업과 연계되도록 기획되었다. 그러나 실제 워크숍에서는 시간 관계상 1단계를 통해 아이스브레이킹을 진행하고, 2~4단계에서 한두 개 정도를 진행하는 경우가 많다. 5단계 '표주박파워의 소멸?'은 자신의 이익만을 고집하다가 결국 '더욱 중요한 것'을 잃어버린다는 우화적인 의미를 담고 있다.

- 5단계 활동의 목표는 민족 간 대립을 넘어서서 '공유재산(commons)'에 관해 인식하는 것이다. 이를 통해 협력과 연대 의식, 그리고 환경, 평화, 안전 등의 '보이지 않는 공공의 이익'의 중요성을 깨닫게 하고자 한다.

- 진행자는 만약 '소수민족이 다수민족인 원주민(선주민)의 재산을 침해한다'라는 결론이 도출되면, 앞서 설명한 이 활동의 목표를 상기시키고 방향을 조정할 필요가 있다.

- 소수자(재깍인과 느슨인)가 일으킨 행위에만 집중하면, 즉 소수자가 환경을 파괴했다는 방향으로 이야기가 흐르면 위와 같은 결론을 맺을 수 있다. 그러므로 진행자는 토론의 방향이 모두(표주박인, 재깍인, 느슨인)의 행위에 초점을 맞출 수 있게 할 필요가 있다.

- 세 나라 사람 모두 각자의 이익을 추구하며 환경을 파괴한 것에 주목해야 한다. (장면 ⑥)

⑥ 응용 편: '표주박나라 문제' 전체 피드백하기

마지막 정리 단계에서 다음과 같은 일반 개념을 잘 이해했는지 확인해 볼 것을 제안한다.

1. 세계에는 경제적 이유로 살던 곳을 떠나 다른 곳으로 이동하는 사람들이 있다.

2. 세계에는 이민자나 외국인노동자를 받아들이는 나라(지역)와 보내는 나라(지역)가 있다.

3. 어떠한 민족(집단)이라도 풍속, 관습, 가치관 등 고유의 문화를 가지고 있다.

4. 타문화 이해를 통해 자신의 문화를 포함해 다양한 문화가 존재한다는 것을 이해한다.

5. 한 나라에서 특정한 민족(집단)의 문화가 우선시되어 지배적인 힘을 갖게 되는 경우가 있다.

6. 하나의 나라 내에서 자신의 문화가 인정받지 못한다고 느끼는 민족(집단)이 있다.

7. 5번 또는 6번과 같은 상황에서 여러 문화는 서로 대립하게 되고 사회문제로 발전하기도 한다.

8. 대립을 조정하기 위해서는 소통이 필요하다.

9. 서로 양보하지 않고 각자의 이익만을 주장하면 모두가 망하거나 더욱 소중한 가치를 잃어버리게 된다.

7 지금 우리는?

- 1990년대의 중동 분쟁이나 구 유고슬라비아, 르완다 내전, 2010년대의 시리아 분쟁에서 보듯 민족이나 부족 간 대립 또는 종교적 대립이 분쟁으로 발전되어 평화와 안전을 잃는 예가 많다. 반면 기후변화 프레임 워크에 관한 협정(2015년 파리 협정 등)을 비롯하여 지구온난화 방지 대책처럼 이산화탄소 감축을 위해 전 세계가 공동으로 대처하려고도 한다. 이러한 역사적 사건들을 어떻게 평가할 것인가는 단순히 성악설이나 성선설과 같이 인간의 본성을 논하는 본질주의적인 입장과는 다르다. 정치적 권력 분배나 경제적 이해로 인한 대립, 민족 분쟁, 종교 대립 등에 관해 정치적으로 어떤 '옷'을 입고 있는가에 따라 달라지기 때문이다.

- 5단계 활동은 본질주의적인 민족대립을 뛰어넘어 초월적·보편적 가치(환경, 평화 등)를 다루고 있지만, 현실적으로는 정치적 대립이 깊이 관여하고 있다는 점에 유의할 필요가 있다.

[그림 86]

제7장

이주민의 소리
12명의 이야기

1 목표

한국에 사는 해외 이주민이 직면한 문제들과 그 의미를 알아보고 이들이
사회에 참여하는 여러 모습과 방식을 이해한다.

2 시간

- 40~50분
- 응용 편: '○○사람은 누구?' 30~40분

3 진행 순서

❶ 5인 1조로 그룹을 나눈다.

❷ 12명의 인물 카드를 나눈다.

❸ 인물 카드를 책상 가운데 쌓아두고 각자 카드를 뽑는다. 각자 뽑은 카
드의 인물이 되어 이야기를 나눈다.

❹ 인물마다 세 가지 벽, '제도의 벽', '언어의 벽', '마음의 벽'에 대해 어떤
마음과 생각인지 토론한다.

4 12명의 한국 이주민 이야기

1. 실라 압둘라(여자), 말레이시아인, 21세, 유학생

대학에서 한국 문학을 공부하고 있다. 나는 어릴 때부터 대도시 고층 아파트에서 살아왔고 학교에서는 말레이어와 영어로 교육받았다. 무슬림이기 때문에 술을 마시지 않는데 선후배 모임에서 자꾸 술을 강권해 곤란할 때가 있다. 머리에 스카프를 한 나를 빤히 쳐다보거나 말레이시아에서 왔다고 하면 정글에서 살았냐고 묻기도 하고 영어를 잘 구사한다며 놀라워도 한다.

2. 윤춘홍(여자), 한국계 중국인, 48세, 외국인 지원센터 근무

나는 한국어와 중국어가 모두 유창하기에 지역 내 외국인 지원센터에서 통번역 지원사로 근무하고 있다. 지역 내 외국인들의 이야기를 듣고 의사소통을 도와주는 일이 주요한 업무다. 사명감을 가지고 일하지만 한국인 동료들이 정규직인 것에 비해 나는 5년 연속 계약직이다. 따라서 직급과 임금 모두 5년 전과 크게 다르지 않다. 한국인이 아니라는 이유로 내 능력과 노력이 인정받지 못하고 차별 대우를 받는 것처럼 느껴질 때면 좌절감이 든다.

3. 솔로몬 살라(남자), 나이지리아인, 26세, 가구 공장 근무

나이지리아에서는 은행에서 근무했지만, 임금이 너무 낮아 한국에 일하러 왔고 지금은 작은 가구 공장에서 일하고 있다. 같이 일하는 나이지리아 동료들과 함께 휴일에 집에 모여 고향 요리를 해서 먹는 것이 가장 큰 즐거움이다. 어느 날 집주인이 와서 우리가 자주 모이기 때문에 시끄럽다고 하며 이사하라고 했다. 옆집 한국인들은 주말마다 술을 마시고 시끄러운 파티도 하는데……. 근처로 이사하기 위해 집을 구하고 있는데 번번이 외국인이라는 이유로 거절당한다.

4. 구엔 탐 폰(남자), 베트남인, 28세, 휴대폰 제조 공장 근무

지금 나는 베트남 사람들이 많이 모여 있는 안산의 작은 아파트에 살고 있다. 한국에서 오래 살아 선배 격인 베트남 사람이 구한 전세 아파트에서 베트남 노동자 4명과 함께 산다. 선배는 한국어도 잘하고 우리를 잘 챙겨 준다. 문제가 생기면 안산 외국인 주민센터나 지역 NGO가 친절하게 상담해준다. 동네에는 베트남 음식점과 식재료 마트가 있다. 한국인보다 급여를 적게 받지만, 성실하게 일해서 고향에 있는 가족에게 생활비를 보내고 있다. 가능한 한 오래 한국에서 일하고 싶다.

5. 쿠마르 씽(남자), 네팔인, 23세, 농장 근무

2년 전 한국에 이주노동자로 와서 농장에서 일하고 있다. 함께 일하는 네팔 노동자와 비닐하우스 기숙사에서 살고 있다. 임금에서 기숙사 비용을 제하기 때문에 최저임금에 못 미치는 월급을 받는다. 하루에 12시간 가까이 농장에서 일하는 게 너무 힘들어서 다른 곳에 취업하고 싶지만 농장주가 허락하지 않아 옮길 수 없다. 작년에는 농기구에 손이 베이는 큰 사고를 당했는데 농장주가 수술비를 내줬다는 이유로 산재보험금을 대신 수령하는 바람에 나는 한 푼도 받지 못했다.

6. 황흠(남자), 조선족, 17세, 중도입국 청소년

엄마는 아침 일찍 식당에 나가서 저녁까지 일한다. 중국에서는 조선족 동포끼리 사는 지역에서 자라서 내가 조선족이라는 사실에 자부심이 있었다. 반장도 했고 공부도 잘했다. 재작년 한국으로 올 때는 엄마와 같이 살 수 있다는 설렘과 TV로만 봤던 한국에 대한 기대가 컸다. 그런데 막상 학교에 가니 아이들이 "짱깨"라고 놀리거나 '중국 사람이면 중국에 가 살아'라고 말해서 큰 충격을 받았다. 수업 시간에 내가 발표하면 아무도 듣지도 않고 짝이 되면 대놓고 싫은 티를 낸다. 처음에는 두렵기도 하고 화가 나기도 했다. 수업도 이해하기 힘들고 왜 이렇게 살아야 하나 자괴감도 든다. 한국에서 이렇게 차별받으니 내가 누구인지조차 혼란스럽고 괴롭기만 하다.

7. 김성호(남자), 탈북민, 28세, 시민단체 활동가

나는 15년 전 한국에 온 탈북민이다. 일반 중학교에 진학해서 친구들을 사귀고 수업을 듣는 것이 너무 어려워서 방황을 많이 했다. 한국어는 할 수 있지만 억양이 다르고, 사용하는 단어나 표현이 달라서 사람들과 이야기할 때 당황스러울 때가 많았고 수업 내용이 어려워서-특히 영어- 학교 가는 게 고통스러울 지경이었다. 다행히 탈북민 지원센터 멘토 선생님의 도움으로 공부에 점차 적응하고 대학에도 진학할 수 있었다. 이 경험을 살려서 탈북청소년 교육을 위한 시민단체 활동을 시작했고 특히 방황하는 탈북청소년의 고민을 듣고 학습을 지원하고 있다. 일하면서 만난 탈북청소년이 자신감을 얻어 학교생활에도 차차 적응하는 것을 볼 때면 보람을 느끼고 더 큰 사명감도 생긴다.

8. 라차나 쌈낭(여자), 캄보디아인, 35세, 수산업체 근무

10년 전 한국인 남자와 결혼해 한국에 왔고 시부모와 함께 살았다. 아들을 낳고서도 시부모는 내가 캄보디아 사람이라는 것을 숨기려 했다. 남편은 내가 친구들을 만나는 것을 싫어했고 캄보디아 음식도 못 만들게 했다. 아들도 친구들에게 무시당하기 싫다는 이유로 학교에서 내 이야기를 꺼린다. 남편의 폭력 때문에 결국 이혼했다. 아들은 남편과 시부모가 키우고 있다. 남편의 폭력이 이혼의 주원인이라는 사실이 인정돼 한국에 체류할 수 있는 자격이 주어졌다. 지금은 한 수산 업체에서 생선을 손질하는 일을 한다. 대부분의 어업 현장에는 나와 같은 외국인 인력이 많다.

9. 최 알렉산드로(남자), 고려인, 15세, 중학생

고려인 3세로 1년 전 부모님과 함께 우즈베키스탄에서 한국으로 들어왔다. 한국어는 배우기 너무 어렵다. 특히 높임말이 어려워서 선생님이나 어른과 대화할 때마다 곤란하다. '을지문덕'이나 '강감찬' 같은 한국사 인물은 배웠는데도 전혀 모르겠다. 한국어에 서툴다 보니 한국인 친구는 거의 없고 동네 지역센터에서 만난 고려인 친구들과 어울려 다니는 것이 유일한 즐거움이다. 이런 식이면 고등학교 공부는 어떻게 할지 모르겠다. 어릴 때부터 선생님이 되는 게 꿈이지만, 한국에서 과연 대학에 갈 수 있을지 걱정이다.

10. 박한희(여자), 한국인, 21세, 아이돌(연예인)

나는 한국의 유명한 아이돌 그룹 멤버이다. 아빠는 한국 사람이고 엄마는 베트남 사람이다. 요즘 연예계에는 나처럼 부모가 국제결혼을 했거나 일본, 중국, 대만, 필리핀, 태국 등 아시아 국가에서 온 사람이 많다. 미국인 아빠를 둔 한 아이돌은 데뷔 초반부터 서구적인 외모로 인기가 많았지만 나는 엄마가 베트남 사람이라는 것이 인기를 얻는 데 도움이 될지 확신이 없어 한참 뒤에 밝혔다. 나는 문화적 다양성을 살려 한국 문화를 더욱 풍성하게 만드는 데 기여하고 싶다.

11. 이쌈 다루이(남자), 모로코인, 23세, 유학생

한국 문화에 관심이 많아 경기도에 있는 대학으로 유학을 왔다. 학교와 근처 식당에는 돼지고기가 들어간 음식이 많아 메뉴 선택의 폭이 좁다. 보통은 매주 할랄 식료품점에서 장을 봐 와 기숙사에서 직접 음식을 만들어 먹는다. 최근 무슬림들이 금요일 예배를 할 수 있는 집회 장소가 지역 내에 생겨서 생활하기 조금 나아졌다. 하지만 올해 가까운 도시에서 이슬람사원 건축을 반대하는 주민들의 이야기를 들어보니, 아직까지 무슬림에 대한 한국 사람들의 인식이 좋지 않은 것 같아 아쉽다.

12. 사토 유미(여자), 일본인, 32세, 한일 부부 일상 소개 유튜버

7년 전 일본으로 워킹홀리데이 온 한국인 남자와 결혼해서, 5년 전 한국에 왔고 현재 두 명의 아이를 키우고 있다. 이제는 한국 요리도 익숙하고 한국어로 의사소통하는 데 큰 어려움이 없다. 최근 한일 부부의 일상을 보여주는 유튜브 채널을 열었는데 구독자 수가 빠르게 증가하고 있다. 국제 커플의 일상을 비롯해 일본과 한국의 문화 차이 등에 대해 궁금해하는 사람들이 많아서 브이로그 영상도 올리고 라이브 방송도 종종 한다. 한국인과 일본인 커플로 나와 비슷한 채널을 운영하거나 국제결혼을 한 유튜버들을 오프라인에서 만나 교류도 하고 있다.

⑤ 진행 방법과 돌아보기 & 톡톡 팁!

세 개의 벽

- 이주민은 크게 세 가지 벽에 직면한다. 첫 번째는 국적에 따른 선거권이나 직업 선택 제한, 체류 자격에 따른 취업 조건 등의 '제도의 벽'이다. 두 번째는 이주민을 위한 문화 또는 종교시설 부재 및 다국어 표기 부족, 이해하기 어려운 한국어 등과 같은 '문화와 언어의 벽'이다. 세 번째는 외국인 혐오, 차별 등과 같은 '마음의 벽'이다.

- 5단계 활동은 우리 사회의 이주민이 겪는 다양한 어려움을 이해하기 위한 것이다. 그러나 이주민이 소수자로서 한국인의 지원이나 도움만을 필요로 하는 대상은 아니라는 것을 인식해야 한다.

- 이주민뿐 아니라 누구나 삶의 어려움이 있고 이를 극복하고자 노력한다. 개인적 노력과 더불어 우리 사회를 함께 만들어가는 공존과 연대의 동료라는 관점으로 이주민을 바라보는 것이 이 활동의 궁극적인 목표이다.

- 인권이란 인간이라면 모두가 누려야 할 권리를 뜻하는 것이지 배려나 상냥함을 베푼다는 의미가 아니다. 더욱이 힘을 가진 이들이 베푸는 선물이나 시혜도 아니다. 인권은 사회 구성원들끼리 동등한 관계 속에서 삶의 어려움을 공유하며 이를 극복하기 위해 노력하고 때로는 규약이나 법률을 만들어 모두가 인간답게 살아갈 사회를 함께 창조해 가는 힘이기도 하다.

- 12명의 이주민이 보여준 한국 사회에서의 어려움과 그것을 극복해가는 과정에 대해 고민해보는 시간을 갖는다.

- 민족성이나 민족문화는 그 민족의 고유한 것이지만 문화란 서로 영

향을 주고받으며 형성된다. 복합적인 정체성, 문화적 다양성을 일으키는 것 역시 문화이다. 12명의 이주민을 통해 그 가능성을 발견할 수 있다.

● 카드 해설 ●

❶ 실라 압둘라 씨의 카드

마음의 벽(편견). 무슬림에 대한 편견이나 동남아시아는 열대지역이라고 하는 고정관념이 있다. 말레이시아 수도 쿠알라룸푸르는 아시아에서 손꼽히는 대도시이다. 말레이시아의 공용어는 말레이어와 영어다.

❷ 윤춘홍 씨의 카드

제도의 벽. 외국인이라는 이유로 직업의 안정성이나 승진 기회 등에서 공공연한 차별을 경험하는 경우가 있다. 국적이 아닌 능력이나 기여도에 따라 공정하게 대우받는 환경을 조성할 필요가 있다.

❸ 솔로몬 살라 씨의 카드

마음의 벽. 식사나 여가에 관한 생각 차이 및 생활 규범에 대한 편견을 생각해본다. 외국인이라는 이유로 주거를 제한하는 것은 위법이다.

❹ 구엔 탐 폰 씨의 카드

마음의 벽. 이주민의 역사적인 흐름을 보면 지역 공동체의 상부상조가 강한 곳에서는 특정 민족 또는 출신 사람들의 집단거주지역이 많다.

❺ 쿠마르 씽 씨의 카드

제도의 벽(노동자의 권리 보장). 현재 한국에서 실시 중인 '고용허가제'는 인력난을 겪는 국내 제조업이나 3D업종 사업체에 노동력을 공급하기 위해 도입되었으며, 국내 노동자와 동등한 대우를 보장한다는 순기능을 가지고 출발했다. 고용허가제에 따라 이주노동자는 정해진 기간에 지정된 사업체에서만 일할 수 있어 사업장을 선택하거나 이동하는 데 제한이 있다. 일부 고용주는 제도를 악용해 숙박비를 강제로 부과하거나 과도한 노동을 요구, 더 나아가 임금체불을 하는 등 이주노동자의 인권을 침해하는 경우가 있어 문제가 되고 있다. 과연 현재 제도가 취지에 맞게 시행되고 있는지 생각해볼 필요가 있다.

⑥ 황흠 씨의 카드

마음의 벽(문화의 차이). 이주배경 중도입국 청소년은 주로 한국인이 이주민에게 갖는 선입견이나 편견으로 인해 어려움을 겪는다. 특히 조선족청소년은 중국과 한국 어느 곳에도 온전히 속하지 못하는 정체성의 혼란을 겪는 경우가 많으며 한국인도 중국인도 될 수 없는 현실에 좌절하기도 한다. 오늘날 한국인의 정체성은 어떻게 규정되는지와 디아스포라를 주제로 토론도 해보자.

⑦ 김성호 씨의 카드

세 개의 벽 극복(사회에 참여하는 시민 활동). 자신의 경험을 발판으로 한국의 탈북청소년을 위해 교육 지원활동을 펼치고 있다. 자신의 어려움을 극복하려는 노력과 나아가 연대할 수 있는 사회적 네트워크를 만드는 예가 된다.

⑧ 라차나 쌈낭 씨의 카드

마음의 벽(가족과 지역의 수용). 2000년 이후 농어촌 지역을 비롯하여 국내 결혼이주여성의 수가 급격히 증가했다. 그에 따라 가정 내 문화 차이로 인한 갈등, 가정폭력 등과 같은 문제도 급증하고 있다. 한편 국내 어업의 주요 인력은 외국인노동자들이다. 어업 인구의 노령화, 젊은 층의 어업 기피 현상으로 부족한 인력을 외국인이 채우는 것이다. 오늘 우리가 먹는 생선의 대부분은 외국인 선원들이 잡았을 가능성이 크다.

⑨ 최 알렉산드로 씨의 카드

언어의 벽(한국어 습득). 제도의 벽(학습 지원, 진로 보장). 중도입국으로 한국에 온 아이들은 생활 한국어와 학습 한국어 능력 간에 차이가 크다. 그 결과 등교를 거부하거나 진학이 어려울 정도로 학습 능력이 낮은 일이 일어나고 있다. 이들을 위해 다양한 언어 지원을 비롯한 학습 도움이 필요하다.

⑩ 박한희 씨의 카드

마음의 벽(백인 선호. 아시아인 차별). 요즘 연예계나 스포츠계에는 외국인 부모를 둔 사람이나 외국 출신의 사람이 많다. 예전에는 백인의 외모나 서양 출신이 아시아 국가 출신 연예인보다 좀 더 주목받았다.

⑪ 이쌈 다루이 씨의 카드

마음의 벽(외국인 공포, 종교). 한국에 사는 무슬림들은 중동지역뿐 아니라 인도네시아, 방글라데시 등 동남아시아, 중앙아시아, 아프리카 등 다양한 국가에서 온 사람들이다. 우리나라에는 서울 이태원의 서울중앙성원을 비롯하여 19개의 지역 이슬람 성원이 있고, 100개 넘는 기도실이 운영되고 있다.

⑫ 사토 유미 씨의 카드

세 개의 벽 극복(지역 주민으로서 사회 참여 활동). 소셜 미디어가 활성화되면서 국제결혼이나 이주배경을 가진 사람들이 활발히 활동하고 있다. 한국에서의 일상, 문화 경험 및 자국 문화와의 비교 등에 관한 콘텐츠를 SNS 등을 통해 제공하면서 한국인에게 타문화에 대한 이해를 넓히는 동시에 한국에 거주하는 외국인의 입장과 관점을 전달하는 역할을 하고 있다.

6 응용 편: '한국인은 누구일까?'

아래에서 자신이나 상대방이 생각하는 '한국인'에 대한 설명을 고르고 서로 이야기를 나눠보도록 한다(여러 항목 선택 가능). 참가자 중에 이주민이나 외국인이 있다면 한국인 대신 '○○인'으로 변형해서 활동한다.

① 한국에서 태어났기 때문에, 한국인입니다.
② 부모님이 한국인이기 때문에, 한국인입니다.
③ 아버지가 한국인이기 때문에, 한국인입니다.
④ 어머니가 한국인이기 때문에, 한국인입니다.
⑤ 한국어를 할 수 있기 때문에, 한국인입니다.
⑥ 부모가 외국인이어도, 한국인입니다.
⑦ 외국에서 오래 생활했어도, 한국인입니다.
⑧ 한국 국적을 잃었어도, 한국인입니다.

❶ 참가자는 이 활동이 낯설 수 있다. 한국인은 자신이 한국인이라는 것을 당연하게 여겨 한국인으로서의 정체성을 생각할 기회가 흔치 않다. 따라서 '한국인은 누구일까?'라는 질문이 당황스러울 수 있다.
  • 이 활동을 통해 '한 국가, 한 민족, 한 언어'라는 말의 '환상'을 깨닫고 국적(nationality)과 민족성(ethnicity)이 별개의 것임을 이해하도록 한다. 또한 혈통주의와 출생지주의라는 두 가지 국적 부여 방법이나 세계 여러 나라가 받아들이고 있는 이중국적에 대해서도 논의할 수 있다.
❷ 올림픽(육상, 유도, 테니스, 탁구 등의 경기 종목)이나 축구, 아이스하키, 농구, 세계야구대회(월드베이스볼클래식) 등 다양한 스포츠 대회에 참가

하는 국가대표 선수에 대해 논의하는 것도 재미있을 것이다. 이미 여러 스포츠 종목에서 혼혈 또는 귀화 선수가 국가대표로 활약하고 있다. 우리나라 축구 국가대표 선수 중에는 외국 클럽에 소속되어 외국에 거주하고 있으며 국가 대항 시합이 있을 때만 국가대표로 합류하는 선수들이 있다. 반면 세계야구대회는 다른 대회에 비해 선수의 국적 기준 범위가 넓다. 부모와 조부모 국적의 국가대표로도 참가할 수 있어 한국 대표팀에 한국계 미국인 선수가 선발되기도 했다.

제2부

이론 편

第8장

'표주박나라 문제'란 무엇인가?

1 '표주박나라 문제'

1.1. '표주박나라 문제'란

'표주박나라 문제'는 이주를 받아들이며 다문화사회로 변화해가는 국민국가의 포스트모던적 사회 과제를 상징적으로 보여준다. '표주박나라'에 이주해온 두 나라 사람들이 이민 과정에서 경험하는 문화 및 교육, 거주지역을 둘러싼 문제 등을 모의 상황으로 설정하고, 이민수용국과 소수 이주민 두 그룹이 자아내는 '민족' 간의 긴장과 사회적 문제에 대해 생각해보고자 한다. 이런 의미에서 '표주박나라 문제'에는 세계의 다문화 상황을 시뮬레이션했다고 볼 수 있다.

1.2. 왜 세 나라(민족)인가

'표주박나라'는 근대적 시민생활이 보장된 국민국가이자 동시에 이민을 받아들이는 이민수용국가로 설정되어 있다. 이주민 그룹 중 '재깍인'은 노동력과 경제력에 가치를 두는 민족으로, '느슨인'은 노동보다는 자연과의 공존 및 공동체에 가치를 두는 한편 일인 권력자 지배 구조와 여성차별을 사회적으로 용인하는 민족으로 설정되어 있다. 3개 이상의 민족 그룹을 설정한 것은, 2개로 설정했을 때 상호 관계가 다수자와 소수자, 이민수용국가의 국민과 이주민, 동화와 차별화와 같이 문맥이 단순히 이분화되어 현실의 다원적 상황과 그 안에서의 다양한 상호작용을 표현하기 어렵다고 생각했기 때문이다.

1.3 고정관념을 만들지 않을까?

이민수용국가의 사회와 이주민 그룹 간의 상호작용을 보여주기 위해 세 나라의 사회 및 문화적 특징을 단순화하여 가장 본질적인 내용만 다루고자 하였다. 물론 이로 인해 선진지역 또는 개발도상지역에 관해 고정관념이 생기거나 낙인을 찍을 가능성도 있다. 따라서 교사 또는 진행자가 민족과 문화는 복합적이며 변화하는 속성을 가진다는 관점을 잃어서는 안 된다.

② 국경을 넘는 사람들의 이동

2.1. 왜 노동력은 국경을 넘는 것인가

국경을 넘는 노동력의 이동은 전 지구적인 구조에 기인한다. 향후 50년의 인구 변화는 개발도상지역(남)의 인구 폭발과 선진지역(북)의 인구 정체로 예측된다. 그 결과, 개발도상지역에서는 식량위기, 빈곤, 실업, 분쟁, 난민화, 환경오염 등이 일어나고, 선진지역에서는 경제 수준은 유지하나 노동력 부족, 첨단기술화와 비숙련화의 단절을 초래한 산업 서비스화, 사회의 다원화가 확대된다. 특히 선진지역의 대도시에서는 미숙련 노동자가 부족하다. 이러한 내·외부적 요인이 노동력의 국제적 이동을 가져온다. 같은 이유로 개발도상지역 내부에서 인구가 농촌에서 도시로 이동하기도 한다.

2.2. 어떤 사람들이 이민하는가

국경을 넘어선 노동력의 이동은 교통수단과 정보화의 발달로 인해 가능했으며, 세계의 여러 도시에 존재하는 이주민의 집단거주 및 이를 통해 형성된 네트워크도 이것에 기반한다. 따라서 교통 및 정보 네트워크를 이용할 수 있는 지역이나 계층에서 이민자가 주로 발생한다. 개발도상지역 가운데 상대적으로 빈곤한 지역에서는 좀 더 높은 수입을 얻을 수 있는 지역을 목표로 농촌에서 도시로, 개발도상지역의 도시에서는 선진지역(세계도시)으로 이동한다. 마치 선진지역의 다국적 기업이 더 싼 노동력을 찾아 개발도상지역으로 생산 현장을 이전시키듯이 말이다.

2.3. 이민의 형태 - 단신 혹은 가족

이민의 형태는 다양하다. 미국처럼 신대륙으로의 이동은 가족 단위로 이루어졌지만, 노동 이민의 경우 남성(가장) 홀로 이민을 먼저 오고 나중에 가족을 불러들이는 형태가 일반적이었다. 일본계 이주민들이 이러한 형태의 정착이 많다. 필리핀인 중에는 여성 이민자가 많고 이들이 일본인 남성과 결혼하는 형태로 정착하는 경우가 많은데 이는 일본에서 국제결혼이 증가하고 있는 것과 무관하지 않다. 외국인 인력 유입과 이와 맞물린 재외동포 유입 및 국제결혼이 주요 정착의 형태이다. 한국의 경우 방문취업으로 들어온 외국인이나 재외동포가 급증하면서 가족 단위 정착이 증가하고 있고, 한국인 남성과 외국인 여성 간 국제결혼에 의한 정착도 급증하고 있다.

③ 다문화 학습

3.1. 왜 다문화 이해와 공존인가

문화는 타문화의 이해에 그치지 않고 다문화 이해와 공존의 관점에서 인식해야 한다. 왜냐하면 우리 사회가 최근 급증하는 이주민과 공존하기 위한 방법을 모색하고 있기 때문이다. 또한 세계적으로 보아도 단일민족국가라는 개념이 흔들리고 있고, 다민족국가 또는 다문화사회로의 통합과 포용적인 이념이 요구되고 있기 때문이다.

3.2. 다문화사회의 사회문제란?

다문화사회의 다양한 민족·문화 집단은 상호작용의 결과 몇 가지 사회문제를 만들어 내고 있다. 예를 들어, 프랑스와 영국, 독일 등 서구 사회에서는 아시아계, 이슬람계, 원주민계, 집시 등 '동화하기 어려운' 이질적인 민족·문화 집단을 문제시하고 있다. 또한 문화와 민족의 차이를 가정과 같은 사적 공간으로만 한정할지 또는 거주지 및 학교, 행정 등 공적인 공간까지 넓혀 인정할지에 대한 논란이 일고 있다.

게다가 개인과 공동체의 대립이라는 문제도 있다. 근대적·서구적인 개인을 존중하는 가치와 이슬람의 전통과 같은 전근대적·비서구적인 가치가 충돌하고 있다. 개인을 기본단위로 한다면 인권은 존중되겠지만 민족 공동체는 해체되고 민족 전체의 문화와 자치가 인정받지 못하게 될 수 있다. 반면 민족을 기본으로 하면 민족 집단 내부의 개인의 인권과 자유가 존중받지 못하게 될 수 있다.

3.3. 다문화교육의 목표란

이처럼 다문화사회의 문제는 다양하기도 하고 심각해질 수 있는 요소를 안고 있어 가치, 행동, 결정 등의 측면에서 '딜레마 구조'를 형성한다. 합의된 기준과 상호협력 없이는 해결 불가능한 상황에 빠져 버린다. 이와 같은 사회문제와 '딜레마 구조'의 인식이야말로 다문화 학습의 목표이다. '표주박나라 문제'를 통한 학습의 핵심은 사회문제의 딜레마적 내용 및 다양한 문제 해결 방법 탐구이다.

3.4. 다문화 학습 방법

다문화 학습의 목표가 다문화사회의 사회문제와 그 '딜레마 구조'의 인식이라는 점에서 ① 객관적·사실적인 인식과 ② 문제 사례를 통한 내재적 인식이 고려되어야 한다. 우리 사회가 다문화사회로 전환되고 있으며, 그에 대응하는 능력과 태도·기능이 필요하다는 점에서 방법 ②로 학습 내용을 조직하는 것이 효과적이다.

또한 문화를 단순히 상대적이고 대등한 관계가 아니라 지배와 피지배의 권력 관계를 내포하는 상호작용 속에서 내재적으로 파악해갈 때, 문화의 이해는 더 풍부해지고 공존의 개념을 보다 구조적, 현실적으로 이해할 수 있다. 다문화 공존이라는 이념은 인류의 이상적인 희망이지만, 현실에서는 민족 분쟁을 일으킬 정도로 복잡한 사회적, 경제적, 종교적 모순과 딜레마를 구조적으로 안고 있다.

그러한 현실(구조)을 팩트(fact)로만 제시하면 단편적인 지식 습득에 그치고 만다. 복잡성과 딜레마를 경험해야 비로소 살아 있는 지식이 된다. 그러나 많은 이슈가 그렇듯 이러한 복잡한 현실을 실제 교실 안으로 가져오는 것은 불가능하다. 그래서 사회문제의 본질과 핵심적인 내용을 압축하여 간단한 모델로 재구성하고 이를 기초로 문제의 이해와 해결을 진행해가고자 하는 것이다. 이 점이 '표주박나라 문제'라는 시뮬레이션을 개발하게 된 근거이며 이 책에서 담고 있는 시뮬레이션을 통한 모의 체험 학습의 특징이다.

④ '표주박나라 문제'의 학습 구조

4.1. '표주박나라 문제'의 학습 내용(다섯 가지 사회문제 수준)

[표1] 5개의 학습 단계의 문제 내용과 학습 방법

학습 단계		문제 내용	학습 방법
타문화 이해	1. 인사는 처음이지?	세 '민족'의 '인사'가 서로 전달이 안 되어 의사소통의 어려움을 일으킨다.	시뮬레이션 활동 '인사나누기 활동'에 의한 체험적 이해
다문화 이해 (문화 ·가치관 ·경제 부담)	2. 축제가 다가왔다	표주박나라가 주최한 축제 참가를 둘러싼 노동에 대한 가치관의 차이가 문화마찰을 일으킨다.	롤플레잉에 의한 체험적 이해
	3. 표주박나라 교육의 위기 (교육)	학교에서 학력 격차, 교육관의 차이로 인해 소수민족의 교육 내용 개선 요구와 민족학교 설립운동 주장 및 교육정책의 다양화 과제가 발생한다.	롤플레잉과 정책 카드 순위 매김 활동에 의한 체험적 이해와 가치의 명확화
	4. 느슨타운을 인정할 수 있을까? (거주·재정)	특정 지역에 소수자 그룹의 집단거주가 진행되어, 경제적 비용이 증가하고 정책 변경 과제가 발생한다. 동시에 상부상조와 권력자 지배구조, 여성 차별이 병존하면서 이민수용국 사회의 보편적 가치와 대립하는 지역이 나타난다.	롤플레잉과 정책 카드 순위 매김 활동에 의한 체험적 이해와 가치의 명확화
글로벌 이해	5. 표주박 파워의 소멸?	자기 이익(개별 '민족'의 이익)만을 주장하면서 '표주박나라'라는 공유재산의 상실 위기에 처한다.	대화로 미래를 향한 합리적 선택

이 책에서는 이민수용국에서 이주민 그룹들이 일으키는 사회문제(문화적 마찰과 사회적 긴장)의 심화 정도에 따라 5개의 단계를 설정하고 있다. 구체적으로는 매너, 습관 등의 문화충돌을 다룬 1단계 타문화 이해에서 시작하여 2~4단계 다문화 이해로 진행된다. 2~4단계는 축제, 노동, 교육, 거주지역과 경제 부담 등 각 민족과 문화 집단 간의 상호작용에 의해 전개되는 심각한 문제 상황을 세 가지로 나누어 설정하고 있다. 그리고 5단계에서는 이기적 대립 가운데 공유 재산을 인식하고, 범지구적이고 보편적인 가치에 대한 인식(글로벌 이해)으로 나아간다([표 1] 참조).

4.2. '표주박나라 문제' 학습 과정의 특색

❶ '상자 속 상자'형 구조

첫 번째 특징은 시뮬레이션 학습 자체에 다문화사회에서 발생하고 고도화해 가는 문제의 구조가 내재화되어 있다는 점이다. 각 단계에서 해결되었다고 생각한 문제가 민족·문화 집단의 상호작용의 결과 더 심각해져서 '상자 속 상자'처럼 새로운 문제를 발생시킨다는 것을 알 수 있다.

❷ 문제의 고도화 및 참여형 학습 방법

두 번째 특징은 문제가 복잡하고 심각해지는 상황에 대응한 학습 활동과 문제 해결 방법을 도입하고 있다는 점이다.

1단계에서는 세 민족 집단의 고유한 인사법을 설정하고 학습자가 인사를 나누는 활동을 통해 '인사법(행동)'의 차이를 체험할 수 있게 한다.

2단계에서는 노동에 대한 가치관 차이로 인해 축제 참가 여부를 둘러싼 대립적 상황이 벌어진다. 각 집단은 각자의 가치관을 대표할 인물을 설정하고 학습자는 그 인물로 롤플레잉을 하고 토론을 거치며 갈등을 체험적으로 이해한다.

3단계에서는 이민수용국 사회와 두 이주민 그룹이 교육 문제에서 겪는 문화적 갈등과 대립을 경험한다. 학습자는 롤플레잉 후 정책 순위 매기기 활동을 통해 문제 해결 방법으로서의 정책 결정 과정을 경험하게 된다.

4단계에서는 문제가 더욱 심각해져 집단거주지역이 형성되고 이에 대한 경제적 비용 부담 발생을 어떻게 대처할 것인지에 대한 정책 과제가 발생한다. 문제 해결 활동은 3단계와 동일한 과정을 거치며, 학습자가 문제 해결에 이르기까지는 다수의 어려움이 따른다는 것을 인식할 수 있도록 한다.

3단계와 4단계에 정책 순위 매기기 활동을 도입한 이유는 문제의 복잡성과 심각성에 대응하고 이를 해결해가는 과정을 통해 가치를 명확하게 인식하고 의사 결정 능력을 높이기 위해서이다.

❸ 세계시민적 가치의 보편성

세 번째 특징은 5단계에서 민족·문화 집단의 상호작용(갈등, 충돌, 해결)을 넘어선 범지구적 보편성에 이르는 실마리를 내재화한다는 점이다. 실제 과도하게 자민족 중심적으로 문제에 접근할 경우 대립을 심화시키고 문제 해결을 불가능하게 만드는 상황이 많다. 이에 대해 '우주선 지구호(지구공동체 측면을 강조한 표현)'적인 세계시민적 가치에 대한 시각을 부여함으로써 '다른(대체)' 해결 시점이 있음을 깨닫게 하는 것이 목적이다. 이런 의미에서 '표주박나라 문제'의 다문화 학습은 넓은 의미에서 세계시민교육에 속한다고 할 수 있을 것이다.

⑤ 다문화사회에서 민족·문화 집단의 상호 관계

5.1. 명백한 대립과 화합의 유형

　'표주박나라 문제'는 다문화사회에서 민족·문화 집단의 상호작용과 상호 관계를 모델로 한다([표 2], [표 3] 참조).

　[표 2]는 〈인종주의·자민족중심주의〉와 〈반인종주의·문화상대주의〉, 〈보편·개인·평등〉과 〈차이·공동체·전통〉이라는 다문화사회에 내재하는 두 개의 대립 원리에 따라 네 가지 유형(입장)이 있음을 나타낸 것이다.

　예를 들어 이민수용국의 다수자에 의한 지배·동화 작용은 유형 [I]로, 그에 대한 소수자의 차이화 작용(소수자의 다름을 강조하여 동화를 거부하는 입장)은 유형 [II]로 파악할 수 있다. 또한 근대적·서구적인 개인성·인권과 전근대적·비서구적인 공동체와의 갈등은, 유형 [III]의 개인·보편 지향(개인의 생각과 인권을 옹호하고 인류의 보편적 가치를 지향하는 입장)에 대해 유형 [IV]의 공동체·차이 지향(집단의 정체성을 중시하고 차이를 인정받고자 하는 입장)의 대립으로 파악된다.

5.2. 감춰진 대립과 화합

　[표 3]에서는 확연히 드러나는 대립뿐만 아니라 문제 상황의 국면에 따라 각 유형(입장)에서 숨겨진 대립과 화합이 나타나고 있음을 보여준다. 현실 사회에서 민족 분쟁이나 인종 대립 등 심각하고 복잡한 사회문제 양상을 보여 주는 것은 이러한 여러 유형의 상호작용이 만들어내는 '딜레마 구조'를 내재하고 있기 때문이다. 따라서 효과적 학습을 위해 '딜레마 구조'를 시뮬레이션하는 방법을 사용해 체험적 다문화 학습경험을 제공하고자 한다.

[표 2] 다문화 공존을 둘러싼 대립과 화합의 유형

	인종주의·자민족중심주의		
보편 지향 개인 중시 평등 지향	[I] 보편적 인종주의 타인의 차이와 독자적인 정체성을 부정하고 다수자에 의한 동화를 지향한다.	[II] 차이적 인종주의 자민족중심주의와 전근대적 공동체주의를 지향한다. 동화 불가능을 전제로 하며, 소수자의 이질성을 강조하고 동화를 거부한다.	차이 지향 공동체 중시 전통 회귀
	[III] 보편적 반인종주의 차이를 넘어 인류의 보편성(평등, 인권, 자유)을 지향하고 그 이념 아래에서 차이를 해소하려고 한다.	[IV] 차이적 반인종주의 소수자의 고유문화를 옹호하고 차이를 인정받을 권리를 주장한다. 보편성보다는 소수자집단으로서의 정체성을 중시한다. 전근대주의, 제국주의와 대립한다.	
	반인종주의·문화상대주의		

[표 3] 각 유형(입장)의 상호 관계(딜레마 구조)

상호 관계	명백한 대립축	숨겨진 화합축
[I]과 [II]	다수자에 의한 동화와 소수자의 차이 인정 여부	자민족중심주의, 공동체주의, 인종차별
[I]과 [III]	인종차별과 반인종차별, 보편주의	
[I]과 [IV]	자민족중심주의와 문화상대주의	
[II]와 [III]	근대적 개인주의와 전근대적 공동체주의	
상호 관계	명백한 화합축	숨겨진 대립축
[III]과 [IV]	반인종차별	보편과 차이
[II]와 [IV]	차이에 대한 지향·민족성 중시	민족주의와 상대주의

5.3. 2단계 '축제가 다가왔다' 장면의 유형과 역할극의 인물 설정

롤플레잉을 위한 인물 설정은 기본적으로 네 개의 유형(입장)으로 구성된다([표 4] 참조). 2단계의 '축제가 다가왔다' 장면에서는 모둠별 구성원이 다섯 명으로 되어 있다.

① '표주박문화보존회 회장'은 전형적인 다수자 문화 유지, 동화주의의 입장에서 발언하고 있다. 반면 ② '표주박축제 실행위원'은 동화주의에 의거하여 참여를 시도하면서도 실행위원이라는 입장이기 때문에 다양한 의견을 듣고 타협이나 조정을 시도한다. ③ '재깍문화협회 대표'는 재깍인의 생활양식이나 가치관에 중점을 두고 있으며 축제 참가에 반대한다. ④ '표주박대학 교수'는 축제 참가 여부는 민족의 문제가 아니라 개인적인 문제로 본다. ⑤ '재깍노동자협회 대표'는 재깍인의 생활양식이나 노동관에 대해서는 ③만큼 고수하지 않는다. 민족성보다 근로조건 개선이 우선이라고 생각하기 때문이다.

2단계의 축제 상황에서는 문제의 구조를 좀 더 쉽게 파악하도록 '느슨인'의 입장을 넣지 않았다. (또한, 역할 카드에 있는 '표주박신문 기자'는 ④의 '표주박대학 교수'와 같은 입장으로 설정되어 있다.)

[표 4] 네 가지 유형과 다섯 명의 인물 설정 (2단계 '축제가 다가왔다'의 경우)

유형 I (보편적 인종주의)	유형 II (차이적 인종주의)
① 표주박문화보존회 회장 ・표주박문화의 전통을 지킨다. ・이질적 재깍인 동화와 배제 주장 ② 표주박축제 실행위원 ・모두가 참가하는 축제를 실행한다.	③ 재깍문화협회 대표 ・재깍인의 생활 습관, 노동 가치관을 유지한다. ・축제에 참여할 필요는 없다.
유형 III (보편적 반인종주의)	유형 IV (차이적 반인종주의)
④ 표주박대학 교수 ・개인의 인권 옹호 ・축제에 참석하는 것은 개인의 문제 ・축제와 노동에 대한 가치는 평등하다.	⑤ 재깍노동자협회 대표 ・축제보다 재깍인의 노동조건 개선이 우선

6 유형화와 역할극 – 논의의 구조(3단계 '표주박교육의 위기'의 경우)

6.1. '표주박교육위원회 위원장' 발언의 구조

3단계 '표주박나라 교육의 위기'의 학습 중심은 롤플레잉으로 벌이는 토론 활동과 순위 매김 활동을 통해 가치의 갈등 인식과 의사 결정이다 ([표 5] 참조).

[표 5] 네 명의 입장과 아홉 개의 정책(3단계 '표주박나라 교육의 위기'의 경우)

유형 Ⅰ(보편적 인종주의)	유형 Ⅱ(차별적 인종주의)
A 표주박교육위원회 위원장	B 느슨학교 설립운동협의회 대표
① 표주박문화 우선	④ 외국인을 위한 국제학교 설치
② 느슨학교 설립 불가	⑤ 느슨학교 설립
③ 외국인 배제	
유형 Ⅲ(보편적 반인종주의)	유형 Ⅳ(차이적 반인종주의)
C 표주박대학 교수	D 재깍경제인연합회 대표
⑥ 외국인 보조교사 배치	⑧ '국제이해교실' 개설
⑦ 교사 양성으로 외국어 이수	⑨ 다문화화를 위한 교육과정 개혁

예를 들어, '표주박교육위원회 위원장'은 '전통이 있는 표주박문화는 표주박교육으로 유지되고 있다'라는 상황적 사실을 이유로 '느슨학교 또는 재깍인을 위한 교육과정 개혁은 인정할 수 없다'고 주장한다. 이 발언이 정당하다는 주장을 뒷받침할 만한 이유로 '표주박나라의 미래를 위해서는 표주박나라의 교육 수준 향상과 우수한 표주박국민 육성이 시급'함을 들고 있다. 이러한 이유의 논리적 근거는 '교육의 목적은 국민을 육성하는 데 있다'(유형 [Ⅰ] 보편적 인종주의)라는 교육적 가치관에 바탕을 둔다. 그리고 이와 맥락을 같이 하는 사람들은 '순위 매김'을 위한 토론에서 ① 표주박문화 우선, ② 느슨학교 설립 불가, ③ 표주박교육에서 외국인 배제 등

의 해결책을 상위에 두는 유형에 해당한다. (이 '토론의 구조'를 툴민의 토론 모델*이라고 하는데 토론기법을 먼저 숙지한 다음 토론을 진행하는 것이 좋다.)

상황적 사실(data1)

· 전통이 있는 표주박문화는 표주박교육으로 유지되고 있다.

주장(claim)

· 느슨학교도 재깍인을 위한 교육과정 개혁도 인정할 수 없다.

정당하다고 주장하는 이유(data2)

· 왜냐하면 표주박나라의 미래를 위해서는 표주박나라의 교육 수준 향상과
  우수한 표주박국민 육성이 시급하기 때문이다.

이유를 뒷받침하는 가치관(논리적 근거: warrant)

· 이렇게 말하는 근거는 교육의 목적은 '국민'을 육성하는 데에 있기 때문이다.

　[I] 보편적 인종주의

*　툴민의 토론모델 : 토론의 주제에 대한 결론을
주장하는 이유를 〈상황적 사실이나 데이터(자료
등)〉와 〈논리적 근거(누구나 아는 원리 원칙, 보장할
만한 이유)〉로 나누어 이것을 근거로 결론을
주장하는 3개의 요소로 구조화한 것이다.
영국의 분석철학자 툴민이 제창한 토론 방법을
기초로 한 이론으로 주로 조사나 탐구활동을

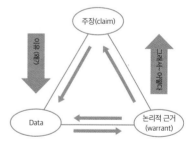

정리하는 워크시트로 활용하고 있다. 토론 활동에서 같은 입장이라도 사실이나 근거가 다를 수
있고, 거꾸로 같은 사실이나 자료도 이유나 생각, 견해 차이가 있다는 것을 확인할 수 있다.
그래서 어떤 사실에 대해 비판하거나 검토하는 도구로 활용하고 있다. PISA형 독해력에서
말하는 연속형 텍스트(이야기, 해설 등)과 비연속형 텍스트(그림, 지도, 표 등)에서 정보를 도출하는
것뿐만 아니라, 그것들로부터 자기 나름대로 해석한 것을 숙고하고, 평가하는 활동을 툴민의
토론모델을 통해 더 명확하게 밝히고 정립할 수 있는 장점이 있다.

6.2. '느슨학교 설립운동협의회 대표' 발언의 구조

마찬가지로 '느슨학교 설립운동협의회 대표'의 발언에 대해서도 생각해 보자. 이번에는 반대의 생각이다. 그는 유형 [Ⅱ]인 차별적 인종주의의 입장이며, 이를 정당화하기 위한 논리적 근거는 '교육의 목적은 기회균등과 충분한 학력 보장에 있으므로 소수자의 권리를 옹호하는 정책이 있어야 한다'라는 가치관에 있다. 그래서 '느슨인에게 정당한 교육이 이루어지지 않고 있다'라는 인식을 뒷받침할 만한 근거로 '표주박학교의 엄격한 교육과정과 표주박어로 하는 수업 때문이다'라는 사실을 들고 있다. 또한 "느슨인은 표주박학교에선 표주박어를 이해하지 못해!", "느슨인은 잠꾸러기야!"라는 낙서가 발견되었다는 상황적인 사실을 근거로 '느슨나라 어린이를 위한 '민족학교'를 인정해야 한다'라고 주장한다. 그리고 이와 맥락을 같이 하는 인

상황적 사실(data1)
· '느슨인은 표주박학교에선 표주박어를 이해하지 못해!', '느슨인은 잠꾸러기야!'라는 낙서도 발견되었다.

주장(claim)
· 느슨나라 어린이를 위한 '민족학교'가 인정되어야 한다.

정당하다고 주장하는 이유(data2)
· 느슨인에게 정당한 교육이 이루어지지 않는 이유는 표주박학교의 엄격한 교육과정과 표주박어로 하는 수업 때문이다.

이유를 뒷받침하는 가치관(논리적 근거 : warrant)
· 이렇게 말하는 이유는 교육의 목적은 기회균등과 충분한 학습권 보장에 있으므로 소수자의 권리를 옹호하는 정책이 있어야 하기 때문이다.

[Ⅱ] 차별적 인종주의

물은 순위 매기기 토론 활동에서 ④ 외국인을 위한 국제학교 설치 ⑤ 느슨
학교 설립 등의 해결책을 상위에 두는 유형에 해당한다.

6.3. 롤플레잉 속 가치 갈등

학습자는 미리 배부한 역할 카드의 인물설정과 '발언 예시문'에서 힌트
를 얻어 인물상을 이해하고 [I]~[IV]로 유형화된 가치관에 대해 인식해간
다. 작전타임 시간에 같은 역할을 맡은 팀원끼리 모여 그 인물에 대해 서
로 이야기를 나누며 인물에 대한 이해를 높이도록 한다.

학습자는 각자 맡은 인물로 롤플레잉을 할 때, 마치 자기 마음대로 발
언하는 것처럼 보이지만 실제로는 각 그룹 내에서 유형 [I]~[IV]의 가치관
을 가진 네 명의 인물 역할을 연기하는 것이다. 다문화사회에서 교육 문제
에 관해 토론하는 구조 속에서 학습자는 각자의 논리적, 상황적 근거에 의
해 초래되는 가치관의 갈등 또는 민족 간 대립적인 상황을 경험해나간다.
물론 역할극이 끝나면 각 역할(인물)의 유형에 대한 설명이 필요하다.

6.4. 순위 매기기 활동 - 합리적인 의사 결정 능력 육성

롤플레잉 활동은 토론의 구조를 체험하고 문제를 이해하며, 서로 다른
입장을 모의 체험함으로써 공감 능력을 키울 수 있다. 그러나 문제 해결을
위한 가치판단과 의사 결정 능력을 몸에 익히는 것은 다소 부족할 수 있
다. 그래서 순위 매기기 활동을 통해 문제 해결을 위한 구체적인 정책을
검토함으로써 그러한 능력을 익힐 수 있다.

2단계 '표주박축제'에서는 롤플레잉만 진행하지만, 문제가 심화되는 3단
계 '표주박나라 교육의 위기'와 4단계 '느슨타운을 인정할 수 있을까?'에서
순위 매기기 활동을 도입한 것은 이와 같은 이유에서다.

순위 매기기 활동의 원활한 토론을 위해 '다이아몬드 순위 매기기' 방식을 도입했다. 이미 설명한 바와 같이 각 인물의 가치관을 반영하는 우선순위는 다를 수 있어서 반드시 자신이 기대하는 순위가 이루어지지는 않는다. 학습자는 롤플레잉과 그룹 토론 속에서 고민과 갈등을 경험해가며 타협과 합의를 경험한다. 이러한 역동감이 이 시뮬레이션의 특색이다.

7 문제의 심각화(거주지역과 비용을 둘러싸고) (4단계 '느슨타운을 인정할 수 있을까?'의 경우)

7.1. 노동의 분단에서 거주지역의 분단으로

이주민 그룹의 지배나 동화의 요구가 강력해져 이민수용국 사회에 동화하지 못하면 사회·경제적으로 소수자의 입장으로 내몰리게 된다. 이주민 그룹 중에는 언어나 상부상조 등의 문화적·사회적 동질성을 이유로 특정 지역에 모이고, 그 결과 집단거주하는 지역이 자연적으로 형성된다. 이것을 분단 현상(분리)이라고 하는데 이로 인해 다음과 같은 문제가 발생한다.

빈곤 등의 사회문제가 발생하고 이민수용국 사회에서는 이들에 대한 사회적·경제적 비용문제가 제기되기 시작한다. 또한 다수자 그룹이나 부유층이 그 거주지를 떠나게 되어 지역이 활기를 잃고 경제적 성공모델을 잃어간다. 마지막으로 소수자 그룹의 거주지역에서 공동체적 또는 전근대적 가치관이 지배하는 현상이 생겨 이민수용국 사회의 보편적 원칙과 맞지 않는 일들이 일어나기도 한다.

7.2. 숨겨진 대립과 화합의 표면화

[표 3]에서 네 유형 간의 상호 관계를 보면 축제(2단계)와 교육(3단계)국면에서는 반인종주의의 입장에서 유형 [II]의 차별적 인종주의(예: 제3장 재깍문화협회 대표 입장)를 옹호하고 있던 유형 [III]의 보편적 반인종주의(예: 제3장 표주박대학 교수 입장)가 거주 문제(4단계)가 일어나자 개인주의와 공동체적인 관념과의 차이로 오히려 유형 [II](예: 제5장 느슨주민 대표 입장)와 대립하고 유형 [I](예: 제5장 표주박주민 대표 입장)의 보편적 인종주의 입장에 가까워진다. 마찬가지로 유형 [IV](예: 제5장 표주박대학 재깍인 학생 대표의 입장)의 차이적 반인종주의도 상대주의 입장에서 민족주의로 기울어진 유형 [II](예: 제5장 느슨주민 대표 입장)과 대립축을 드러내게 된다. 반대로 대립하고 있던 유형 [I](예: 제5장 표주박주민 대표 입장)과 [II](예: 제5장 느슨주민 대표 입장)는 인종관이나 민족주의관에서 논리적 동질성을 드러낸다. 문제가 심각해짐에 따라 대립축이 변화하고 딜레마는 더 깊어진다([표 6] 참조).

[표 6] 4개의 입장과 9개의 정책(4단계 '느슨타운을 인정할 수 있을까?'의 경우)

유형 I (보편적 인종주의) ① 표주박주민(대다수) 대표 가) 느슨인만을 위한 느슨타운 반대, 혼합 단지 및 재개발 주장 나) 땅끝마을지구에 별도의 집단거주 형성과 기업단지 조성 다) 표주박인 지역 격리하여 신흥단지 건설	유형 II (차이적 인종주의) ② 느슨주민(소수) 대표 라) 느슨타운 조성 찬성 및 예산 우선 배분 마) 느슨타운 보호 및 높은 수준의 복지 필요
유형 III (보편적 반인종주의) ③ 표주박대학 교수 바) 느슨타운 내의 규제와 사회 개혁 필요 사) 느슨인 지위 향상·장학금	유형 IV (차이적 반인종주의) ④ 표주박대학 재깍인 학생 대표 아) 재깍인 혼합거주·경제활성화 기여 자) 재깍인 거주지구 신설·관광자원화

* 주: 그 밖의 진행자로 '표주박공무원'을 설정. 어떤 민족이나 소수자도 특별 취급하지 않지만 더 이상의 정부 재정 부담은 희망하지 않는다.

시뮬레이션은 간단한 요소를 결합하여 복잡한 현실을 상징할 수 있는 특징이 있다. 4단계에서는 다문화 공존의 딜레마를 모의적으로 체험하는 데에 효과적이다.

7.3. 순위 매기기 활동의 어려움(딜레마 체험 심화)

롤플레잉으로 하는 순위 매기기 활동에서는 거주지역을 중시할 것인지, 경제적 비용을 중시할 것인지 그리고 거주지역과 인권과의 관계는 어떤지, 비용이 높을 때와 낮을 때는 어떤 경우인지 등 보다 현실적인 정책을 제시함으로써 문제 해결의 판단과 기준을 기를 수 있도록 한다.

3단계와 비교해 4단계가 다른 점은 현실적으로 논점이 복잡하기 때문에 논의의 타협점을 찾지 못하고, 결과적으로 순위 매기기가 안 되는 경우가 많다는 점이다. 그러나 오히려 순위 매기기가 안 되는 것이 더 나을 수 있다. 왜냐하면 순위를 매기지 못한 이유를 찾는 과정에서 다문화·공존의 '딜레마 구조'에 대해 비판적으로 생각할 수 있기 때문이다. 실제로도 거주지역을 둘러싼 비용과 인권 및 복지 문제는 서로 의견이 분분하여 딜레마를 안고 있다.

그러나 진행자는 딜레마를 모의 경험으로만 끝내는 것이 아니라 딜레마란 다문화·공존의 가능성을 찾아가기 위해 자유와 평등, 대립과 해결, 평화라는 보편적 가치가 전제되어 있다는 점을 상기시켜 줄 필요가 있다.

8 보편적 가치의 설정(5단계 '표주박파워의 소멸?'의 경우)

5단계에서는 '우주선 지구호'적인 보편적 가치를 설정하지 않으면, 즉 어느

한 민족집단이 자신의 이익만을 추구해 대립을 심화시키면 결국 자신들의 존재를 위태롭게 만든다는 것을 비유적으로 설정하고 있다.

현실 세계에서 심각한 민족분쟁 발생 시 유엔과 같은 초국가적·초민족적 조직이 관여하는 것은 '인권보호'라는 보편적 가치로 보아 당연하겠지만 '지역의 안전과 평화'라는 국제 공유재를 자각하고 있기 때문은 아닐까?

지구 환경문제도 마찬가지이다. 지구의 자원은 유한한데 이를 각국이 제멋대로 이용하면 언젠가는 고갈될 것이다. 따라서 우리는 지구의 자원을 어떻게 활용할지 고민하는 것이 매우 중요하다는 것을 깨닫게 되었다.

사람과 물건, 정보의 국경 없는 확대와 상호 의존적 관계의 심화는 '지구사회'의 관점에서 바라볼 필요가 있으며, 또한 환경과 개발, 인구, 식량 등의 범지구적 과제가 증가하는 현상은 '우주선 지구호'라고 할 만한 '인류 공통의 이익' 설정이 중요한 목표라 할 수 있다.

⑨ 다문화주의의 딜레마 – 문화적 마찰과 대립의 순환과정

'표주박나라 문제'는 등장인물로 유형화된 가치와 주장을 인식할 수 있을 뿐만 아니라, [자료 1]과 같은 유형화된 가치의 전이 과정으로서, 문화마찰과 대립의 순환과정을 설명하는 수단으로도 도움이 될 것이다.

먼저 인종주의(racism)는 자민족을 다른 민족보다 생물학적·문화적으로 우수하다고 생각하여 사회를 자민족 중심으로 편성하고 인종적으로 열등한 다른 민족을 권력의 주변으로 밀어내려 하는 사상이다. 여기에서 노예제가 생기고 박해, 차별과 같은 인권침해가 발생한다. 최대의 비극적인

[자료 1] 다문화주의의 딜레마 문화마찰·대립의 순환과정

사건은 나치 독일 하의 아우슈비츠에서의 유대인 학살이다.

다음으로 인종주의(racism)에 대한 반성에서 태어난 사고방식으로 '인종의 용광로 이론'이다. 이민자로 구성된 미국 사회에 대해 한때 널리 퍼졌던 '융합론'이다. 다양한 인종과 민족이 미국 사회에 융합해 '미국인'이 된다는 것이다. 루소의 '사회계약론'에 의한 일반시민을 상징하는 보편주의적인 사고방식이라고도 할 수 있다. 프랑스에서 강조하는 공화국 프랑스인도 이러한 사상이 바탕에 있다.

그러나 당연하게도 이 생각은 환상에 불과하다. 미국의 경우 '인종의 용광로 이론'이 현실적으로 적용된 것은 앵글로색슨을 비롯한 라틴계(남유럽계 이민)와 슬라브계(동유럽계 이민) 백인이었고, 중국인 등 아시아계와 흑인은 제외되어 있다. '인종의 용광로 이론'의 결과로 생겨난 미국인은 역시 백인이라는 점이 이들의 무의식적인 전제였기 때문이다. 프랑스의 공화국식 보편주의도 현재, 그들의 사회에 이슬람계 아랍인(알제리 등 북아프리

카 출신)을 포함하고 있어 '동화주의'가 꼭 성공한 것은 아니다.

'인종의 용광로 이론'의 환상을 대신하여 등장한 것이 '샐러드볼 이론'이나 '모자이크 이론'에 의한 사회통합 이론이다. 민족과 인종이 자신의 특징을 모두 녹여 없애 새로운 '국민'이 되는 것은 불가능하므로 각 민족이나 인종의 특징을 존중하여 각각 사회적 존재로서의 의미를 서로 인정함으로써 사회가 재편성된다는 생각이다. 이른바 다문화주의, 다문화 공존의 개념이 이것이며, 호주와 캐나다 등 다문화주의를 국가정책으로 삼고 있는 국가뿐만 아니라 미국과 영국 등도 온도 차는 있지만 이러한 생각이 일반적이다.

단, 이 샐러드볼 이론, 모자이크 이론도 권력관계 속에서 바라보면 소수민족-특히 이민이나 난민, 원주민, 외국인노동자-에게는 다수자가 주장하는 다문화주의란 자신의 지배를 정당화하는 수단(권력 장치)으로 보인다. 또한 세계화의 확산과 심화는 다문화사회에 새로운 이민자를 끊임없이 만들어내기 때문에 소수민족의 빈곤, 불평등, 권리침해 등의 문제가 계속 제기된다(공존이론Ⅱ).

이것이 급진적으로 진행되면 '모자이크'의 균열이 커지고, '샐러드볼'의 의미도 점점 빛을 잃는다. 다문화에서 다-문화, 다분화되는 것이다. 특히 다수자 중 가난하고 생활이 불안정한 하층사회의 시민 일부는 다문화사회에서 소수자들의 권리가 과도하게 옹호받고 있다고 여기며 '평등'한 대우를 요구하게 된다. 그뿐 아니라 자신들의 '불행'이 이들 소수자(소수민족) 때문이라고 여기며 인종차별주의적 태도를 보이게 된다.

한편, 다수자의 부유층이나 지배층은 소수민족의 권리 옹호에 비판적으로 반응하며 그들을 사회 편성에서 배제하려고 한다. 최근에는 다수자의 빈곤층 사람들도 소수자에 대한 복지정책을 비판하고 있다(복지 배제

의견). 문화와 민족의 대립은 한 바퀴 순환하면 새로운 인종차별에 직면한다(새로운 아파르트헤이트, 헤이트 스피치). 이러한 분리·격리론이 진행되면 소수자는 국가나 사회에서 떨어져 나와 독립까지 주장하게 된다. 이것이 심각해지면 권력과 부의 분배를 둘러싼 분쟁이 된다(신격리론).

그러나 여기서 유의할 것은 이러한 문화마찰과 민족대립의 순환이 성립하는 조건은 문화와 민족을 집단으로서 본질주의적으로 다루는 것이다. 문화충돌과 대립의 순환을 차단하기 위해서 구축주의 사상이 제안되고 있다. 구축주의라는 것은 문화를 민족의 고유한 것 또는 전통적으로 불변하는 것으로 파악하는 것이 아니라 역사적 과정에서 구축되고 전수되어 온 것으로 파악하는 사고방식이다. 여기서는 백인이나 흑인이라는 정의 자체도 모호해지며 인종에 대한 생물학적 정의 역시 구축된 것으로 접근하는 이론이다.

구축주의에 입각하여 문화나 민족을 파악할 때 가장 효과적인 것이 이민이나 난민 등 국경을 넘는 사람들의 '민족지(ethnography)'이다. 국경 없는 사회에서 민족지는 '국제결혼' 등에 의한 혼성성(hybridity), 사회의 디아스포라(diaspora)적 시점을 제공해준다. 이는 민족 집단으로서가 아닌 개개인의 존재 방식, 생활 방식, 복합적 정체성의 구축 가능성을 보여준다.

이러한 관점에서 다문화사회를 볼 때 Citizenship(국적)과 citizenship(시민)을 나누어 생각해 민족성보다는 시민적 가치를 우선하여 사회통합의 상징으로 삼는 것이 중요하다는 것을 알 수 있다(미야지마 다카시: 2004).

⑩ 한국 다문화주의의 가능성

10.1. 두 개의 민족적 맥락

한국 이주의 특성은 두 개의 민족적 맥락에서 살펴볼 수 있다. 근대 이후 한반도에 들어와 정착해서 살고 있는 화교와 1990년대 외국인 인력의 유입과 국제결혼을 통해 이주한 중국인, 조선족, 베트남인 등의 다문화 그룹이 있다.

한국 화교의 시작은 임오군란 때 청나라 군대의 유입과 함께 들어온 상인들이 인천을 중심으로 차이나타운을 형성하면서 시작된다. 하지만 중일전쟁, 한국전쟁을 거치면서 사회적으로 위축되었고, 1960년대에는 제도적으로 규제받으면서 경제적으로도 많은 어려움을 겪었다. 이러한 사회적, 경제적 차별 때문에 한국 국적으로 귀화한 사람들도 많지만, 중국인의 정체성을 유지하면서 거주 또는 영주하고 있는 한편, 화교의 젊은 세대는 한국 사회에 동화되면서 중국인으로서의 정체성이 점차 사라지게 되는 것에 대한 우려도 제기되고 있다. 화교는 노년층을 제외하면 보통 한국 사람처럼 한국어를 구사하기 때문에 언어로 구별이 안 될 정도이고, 오히려 중국어를 공부해야 하는 3세, 4세도 있다.

한편, 1990년 이후 국제화, 세계화의 흐름 속에 취업, 결혼, 유학 등 다양한 형태의 이주가 이어졌다. 이 과정에서 중국어 억양이 드러나는 중국인이나 조선족은 미디어가 만든 편견에 의해 차별적 시선의 피해를 보기도 하였고, 베트남, 태국 등에서 결혼중개업자를 통해 들어온 외국인 신부에 대한 동화의 강요는 사회적 문제가 되기도 하였다. 다문화사회가 된 지 30여 년이 지난 지금 사회적, 제도적으로 평등한 사회를 만들기 위한 다양한 시도가 이루어지고 있다.

140여 년 전 한국에 들어온 화교와 1990년대 이후 들어온 중국인, 조선족은 중국이라는 뿌리는 같지만 서로 다른 '중국인' 정체성을 가지고 각각의 자체적인 커뮤니티를 구축하며 한국에서 살아가고 있다.

참고 - 일본의 민족적 맥락

현재 일본에는 재일한국인과 조선인 등 오랫동안 일본에 정착하여 살아온 '올드커머'와 일본계 사람들이나 베트남인, 필리핀 등을 포함하는 '이주형 뉴커머'라는 2개의 민족 그룹이 있다.

전자는 일본어를 사용하여 일본에서의 생활양식에 위화감이 없는 3세, 4세 세대까지를 포함하며, 이름 또는 국적과 같은 '상징적' 의미로서의 민족성이 과제가 된다. '코리아타운'이라는 호칭이나 지방 참정권 요구, 국적 조항 철폐도 이러한 문화적 맥락에서 민족성의 주장이라고 할 수 있다. 단 본명(한국식 이름) 대신 (일본 사회에서의 차별을 피하기 위해 만든) 일본식 이름을 사용하거나 한국에서 이들을 이질시하는 태도 등으로 인해 이들은 한일 양국의 정체성에서 혼란을 겪기도 한다.

한편, 후자는 '올드커머'와는 반대로 인구가 계속 증가하고 있으며 다국적화, 다문화화가 진행되고 있다. 이들은 언어, 거주, 취업, 의료, 교육이라는 실생활 속에서의 민족성이 과제가 되고 있다. 일본에서 취업하고 살아가기 위한 말과 주거, 커뮤니티, 미디어 등에 관한 다문화적인 배려가 필요해졌다. 일본은 서구의 나라들만큼 민족 그룹 간의 대립이 심각하지 않지만 이처럼 두 개의 민족적 맥락이 존재하게 된 것이다.

10.2. 자유주의 다문화주의

다문화주의의 딜레마를 극복할 수 있을까? 민족 분쟁과 이민 배척까지 심화하고 있는 현실을 앞에 두고 그렇게 쉽게 '극복'할 수 있다고는 생각하지 않는다. 단지 서양은 근대 시민혁명의 경험이 있고 보편적인 인권과 자유, 평등의 이념이 있기에 이를 부연해가면 다문화주의에 도달할 수 있다. [표 2](134쪽)의 유형으로 말하자면 Ⅲ·Ⅳ가 그런 입장을 제공하고 있다. 사실 J. A.뱅크스 등은 이것을 미국적인 가치로서 이를 바탕으로 한 국민 통합의 이념으로 다문화주의를 주장하고 있는 것이라 할 수 있다.

그러나 우리 사회에서는 인권, 자유, 참여라는 보편적 가치의 추구가 아직 시민적 전통만큼 성장하지 못했다. 차이성과 다양성(및 그 안의 통일)이라는 다문화주의의 이념을 확고히 하기 위해서는 자유와 평등, 참여라는 보편적 가치가 필요하다. 그런 의미에서 시뮬레이션은 참여적이고 실천적인 장치이며 딜레마의 극복은 이러한 인식(자유로운 다문화주의의 추구) 아래서 이루어져야 한다고 생각한다.

🕚 포스트 '표주박나라 문제'

'표주박나라 문제'는 다문화사회에서 민족 그룹이 다양해지고 각 민족성과 문화가 소통, 축제, 교육, 거주지역 등 사회 각 분야에서 마찰하고 대립하며 사회문제가 되는 과정을 이해하는 데 핵심이 있다. 학습자는 '표주박인', '재깍인', '느슨인'이라는 가상으로 설정된 민족 그룹으로 롤플레잉을 하고 문제 해결책을 찾아 열띤 토론을 하면서 문화의 교류와 갈등을 모의체험한다. 또한 순위 매기기 활동에서는 해결책을 위한 우선적 선택이라는 의사 결정을 강요받기도 하면서 사회적 합의에 이르는 것의 의미를 배울수 있다.

또한 시뮬레이션의 특징은 문화를 고정적·본질적·정적인 것으로 파악하는 대신 이민수용국 사회와 이주민 그룹, 지배와 피지배라는 권력관계의 상호작용에서 대립하고 변화를 도출하는 역동성을 깨닫는 데 있다. 또한 문화와 민족에 관한 담론을 인종주의와 반인종주의, 보편과 차이(동화와 반동화, 보편과 다문화)라는 네 개의 지향성·사고유형으로 나타냈다. 이러한 기본원리를 바탕으로 시뮬레이션 학습을 도입해 상징적으로 사회 참여 학습을 가능하게 한 것이다.

그런데 '표주박나라 문제'로 강연과 워크숍을 반복하는 동안 위와 같은 효과와 의의를 확신하는 한편 이 교재의 한계도 깨닫게 되었다. 즉 문화와 민족에 관한 담론과 유형화된 사고방식에 관해 설명했던 부분이 오히려 민족 집단과 사고방식과의 관계를 고정화시킬 위험성이 있다는 것이다. 예를 들어 '표주박인은, 느슨인은, 재깍인은'이라는 표현에서 알 수 있듯 '어느 나라 사람(인)'이라는 식의 '민족', '국가', '태생' 등과 연결시켜 본질주의적으로 보는 관점이 그것이다. 이는 현실에서 각 민족 그룹에 대한 고정관념을 낳을 위험이 있을 수 있다. 그러므로 세 민족 그룹의 배경 이야기를 먼저 설정한 후 문제 해결을 위한 토론을 진행하는 것에는 이런 한계가 있을 수 있다는 것을 주지할 필요가 있다.

'이민'에 대한 사회 관계적 담론의 전형적인 형태로 이민사가 있다. 이민사에는 '국가주의의 기억'(국위 선양으로의 이민·식민)을 짊어지고 있고, 근대 국민국가의 민족성의 틀을 벗어나지 못하고 있다. 그런 의미에서 유입되고 있는 이민의 경우에도 그리고 다문화사회인 이민수용국 사회에서도 '민족성'이라는 틀을 중심으로 이민을 다루게 되는 경향이 있다. 예를 들어, 고려인의 경우 부모나 조부모 세대가 한국인인데도 불구하고 CIS 사람으로 인식해버린다. 과연 현재 고려인 이민자들은 19세기 고려인 이민자들이 짊어지고 있던 것 같이 국가와 민족성을 짊어지고 있는가? 하면 매우 의문이다. 오히려 교육 인류학적인 연구 분야에서 밝혔듯이 더 개인에게 녹아들어 있다.

'표주박나라 문제'는 당연히 이러한 개인에게 녹아 있는 민족성의 변화나 디아스포라적(민족으로부터 떠나 온) 삶을 담고 있지는 않다. 그리고 문화의 갈등과 변화 그리고 구축이라는 시점에서 개인(특히 소수자 개인)이 타문화 속에서 느끼는 감정, 삶의 모습, 개성을 말하고 있지 않다. 제7장에 다양한 외국인 주민의 이야기를 신판에 추가한 것은 이러한 약점을 극복하기 위해서이다.

12 시뮬레이션 '표주박나라 문제'를 포함한 학습 단원

12.1. 단원화의 사례(1)

'표주박나라 문제'는 학교(초·중·고등학교)의 '창의적 체험활동' 및 사회교육 연수 프로그램으로 실행하는 경우 단독으로 해도 효과적이지만, 다음과 같은 내용(프로그램)과 결합하면 보다 효과적이다. (다문화와 공존은 본래 차원이 다른 개념이므로 '다문화·공존'이라고 한다.)

학습 단원 '다문화의 이해와 공존'

1. '다문화·공존'이란? (1)

   '인종', '민족', '이주민', '다문화'라는 말을 듣고 떠오르는 이미지를 말한다.

2. '다문화·공존'이란? (2)

   다문화·공존이 요구되는 큰 계기는 외국인노동자 문제이다. 내 이웃 중 외국인노동자, 결혼이민자, 난민, 탈북자 등 다양한 형태의 다문화가 존재한다. 이 둘은 어떤 관계에 있는지 그리고 무엇이 문제인지를 찾는다.

---

3. '한국 속의 외국인, 한국 속의 소수민족'

다문화와 민족은 한국의 오래된 그러나 새로운 문제이다. 한국사 최초의 국제결혼을 한 허황옥, 다문화가정 출신 장영실, 화교와 조선족 등 역사적 경위와 법적인 지위를 하나씩 파악해 가면서 단일민족국가의 환상을 초월하는 시점을 갖도록 한다.

4. 한국의 '다문화·공존'의 현실과 과제(사례를 통해)

일상생활 현장에서의 다문화·공존을 둘러싼 과제. 외국인의 수용을 둘러싼 다양한 사례 속에서 생각을 이어간다.

5. '사람들은 왜 국경을 넘는 것인가?'

범지구적 규모의 인구의 움직임과 노동력의 국제이동. 어떤 지역에서 어떤 이유로 사람들은 한국으로 오는가. 이동 배경을 세계화와 남북문제 등 국제적 관점에서 파악한다.

6. '이민과 민족 관계'(1) 유럽의 사례

한국에서 최근 부상한 다문화 공존 문제: 외국에서는 어떠한 과제에 직면하고 있으며 어떻게 대응해 왔는지 - 경제적, 사회적, 문화적 지배·종속 관계 등 - 유럽의 사례에서 배운다.

7. '이민과 민족 관계'(2) 미국의 사례

'이민의 나라'로 불리는 미국의 사례. 특히 교육 분야에서 다문화·공존에 대한 대처를 중심으로 다룬다.

8. '다문화·공존' … 문제를 파악하는 방법과 틀

민족·문화 집단의 상호작용, 상호 관계의 유형화([표 2], [표 3]을 중심으로)

9. 시뮬레이션 '표주박나라 문제'(1)

1단계 '인사', 2단계 '축제'

10. 시뮬레이션 '표주박나라 문제'(2)

3단계 '표주박교육'

　　대략 20시간(50분 수업, 24회) 정도가 적당하다. 시뮬레이션만으로 이해의 깊이가 부족한 경우, 이러한 현실적인 지식과 이해, 문제의식을 습득해 미리 익혀두는 것이 중요하다. 또한 시뮬레이션 학습과 현실적 과제를 함께 다루는 것도 가능하다.

　　예를 들어, 1단계와 2단계를 학습한 후 국내의 다문화행사 및 현재 시행되고 있는 정책 등을 소개할 수 있다(3, 4단원에 해당). 마찬가지로, 3단계 후에는 미국이나 유럽, 혹은 호주, 캐나다에서 다문화교육을 위해 시도하는 내용을 소개할 수도 있다. 4단계 이후에는 서구 사회에서의 소수자들의 사례를 배우는 것도 가능하다.

　　학습 단원 '다문화의 이해와 공존'에서 배울 수 있는 기본적인 개념은 문화와 정체성, 대립과 해결, 상호 의존이다. 이와 관련된 개념으로 자존감, 다양성, 보편성, 편견, 고정관념, 공존 등이 있다.

　　일반적인 사실 지식으로는 외국인노동, 노동력의 국제이동, 남북문제, 이민·식민지, 소수자·다수파, 원주민, 인종의 용광로 이론, 인종 샐러드볼 이론, 인종 동화정책, 인종차별, 배외주의(배척주의), 민족 대립 등이 포함된다.

　　'표주박나라 문제' 시뮬레이션 학습 그 자체로는 다음과 같은 일반적 지식을 얻을 수 있을 것이다.

'표주박나라 문제' 시뮬레이션 학습에서 얻을 수 있는 일반적인 개념

1. 세계에는 경제적 이유로 정든 땅을 떠나 이동하는 사람들이 있다.

2. 세계에는 이민자와 노동자를 받아들이는 국가(지역)와 내보내는 국가(지역)가 있다.

3. 어떤 민족(집단)도 풍속, 습관, 가치관 등 고유의 문화를 가지고 있다.

4. 타문화를 이해하는 것은 자신의 문화를 포함하여 다양한 문화가 있음을 이해하는 것이다.

5. 어떤 국가에서는 특정 민족(집단)의 문화가 우선시 되고 존중받으며 지배적인 힘을 갖기도 한다.

6. 어떤 국가에서는 자신의 문화를 인정받을 수 없다고 느끼는 민족(집단)이 있다.

7. 복수의 문화가 5와 6의 관계에 있는 경우 때에 따라 그들은 서로 대립하여 사회문제로 발전할 수 있다.

8. 갈등의 해결을 위해서는 각자의 이해관계를 조정하기 위한 소통이 필요하다.

9. 갈등을 해결하려고 하지 않고, 서로의 이익만을 주장하고 양보하지 않으면 같이 망하거나 더 소중한 가치를 잃게 된다.

12.2. 학습 단원 구성 사례(2)

중학교나 고등학교에서의 수업은 다음과 같은 세 개의 소단원으로 구성된 학습 프로그램을 마련할 수 있다.

중·고등학교에서의 탐구 학습 프로그램

① 우리나라에는 어떤 외국인이 있을까?

- 학습 방법(브레인스토밍 등) 및 자료 : 외국인 주민 수 통계, 체류 자격 등

② '일하다'에서 '살다'로

- 어떤 것이 문제인가?(생활정보, 거주문제, 자녀교육, 노동문제 등)

- 학습 방법(강의, 조사 학습) 및 자료: 영상이나 이주민 미디어, 유관 NGO

③ 함께 사는 과제

- 과제의 해결을 생각해 보자 (다문화의 개념, 인권을 기초로 한 국제이해교육)

- 학습 방법(표주박나라 시뮬레이션, 역할극, 순위 매기기 활동)

12.3. 학습의 중심이 되는 시뮬레이션과 대화

문화 학습에서는 비교문화적인 타문화 이해를 목적으로 하는 '문화이해 접근'이 일반적이다. 그러나 이러한 접근은 동질적인 민족문화가 변화하고 다양화되고 있는 현대 사회에 맞지 않을 뿐만 아니라 다문화의 이해와 공존의 과제에 부응할 수 없다.

그러기 위해서는 현실의 다문화사회에서 민족·문화 집단의 상호작용이 불러일으키는 '사회문제'를 논리적으로 정리하여 계통을 세운 후, 문제 내용을 모의 체험하면서 해결 방법을 찾는 동시에 새로운 과제도 만들어 가며 '딜레마 구조'를 체험하는 학습전략이 필요하다.

그 중심이 시뮬레이션('표주박나라 문제')이다. '딜레마의 구조'를 모의 체험함으로써 공감하고, 합리적이며 구체적인 문제 해결책을 모색하는 학습을 구조화하고자 하는 것이다. 또한 단순히 '딜레마 구조'의 이해와 모의 체험에 그치는 것이 아니라 대립을 초월한 공동의 이익(지구적 이익)을 설정하여 다문화 학습과 글로벌 교육의 목표를 연결하는 가교로서의 가능성을 가지고 있다.

'표주박나라 문제'에서는 2단계에서 4단계의 롤플레잉 체험 학습 활동

[자료 2] 복수문화·다문화의 정체성

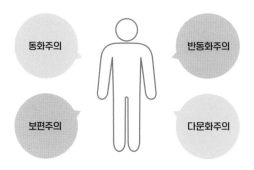

을 반복함으로써 대립하는 네 가지 가치관, 즉 인종주의로서의 동화와 반동화(차별화), 반인종주의로서의 보편주의와 다문화주의를 자신의 인식 안으로 끌어들일 수 있도록 했다. 이렇게 자기 안에 형성된 복수의 정체성을 인식함으로써 현실적으로도 교실 안에서 다른 이들과의 토론과 대화의 가능성을 높일 수 있는 것이다.

12.4. SDGs(지속가능발전목표) 학습을 위한 다문화 탐구

외국인 관광객을 포함해 우리 사회의 많은 곳에 이주민들이 생활하고 있다. 외국인이든 자국인이든 누구나 자신의 인생을 살아간다. 태어나 자라고, 배우고, 놀고, 먹고, 쇼핑하고, 사람을 만나고, 사랑하고, 결혼해 가족을 가지는 존재이다. 그리고 때로는 병이 들거나 죄를 짓기도 하면서 매일 기도하고, 일하고, 세금을 내고, 정치적 의견도 표명하는 존재이다([자료 3] 참조).

'외국인노동자'로서가 아니라 같은 지역에 사는 주민으로 그들을 동등한 시선으로 바라보며 그들의 생각과 바람 등을 알아보는 것도 좋을 것이다. 이를 지속가능발전목표(SDGs)와도 연결할 수 있다. 건강과 복지(목표 3), 양질의 교육(목표 4), 좋은 일자리와 경제성장(목표 8), 불평등 감소(목표 10),

[자료 3] 사람은 일만 하는가?

사람은 일만 하는가: 외국인은 주민이다

거리에 산다	휴대폰을 쓴다
집에 산다	배운다(진학한다)
입는다	키운다
먹는다	사랑한다, 결혼한다
산다	기도한다
즐긴다, 논다	약을 받는다
일한다	병이 난다
세금을 낸다	죄를 범한다(재판을 받는다)
의견을 표명한다	죽는다(장례를 치른다)

공존: social inclusion(사회통합)
'누구도 소외되지 않는 삶(Leave No One Behind)'이라는 지속가능발전목표(SDGs)의
핵심 원칙과 연계하여 이주민을 대하는 우리의 태도에서 보이는 벽은 무엇이고 이를 극복하기
위한 방법은 무엇일까?

지속 가능한 도시와 공동체(목표 11), 평화, 정의, 강력한 제도(목표 16) 등과
관련 있는 주제를 설정하고 이 목표들을 달성하기 위한 활동을 탐구·조사
하는 다문화 탐구 학습을 심화 형태로 실시할 수 있다.

* 참고 자료
'표주박나라 문제' 학습 전략에 대해서는 아래의 논문이 바탕이 되어 있다.
- 후지와라 다카아키(1997), "글로벌 교육에서의 다문화교육 수업 방법 - 시뮬레이션 교재
  '표주박나라 문제'를 사례로", 전국 사회과 교육학회, 《사회과 연구》 제47호, 41~50쪽
- 후지와라 다카아키(2006), "액티브 시티즌십은 사회과에 필요 없나 - 사회과의 사회 참여
  학습의 가능성을 찾아", 전국 사회과 교육학회, 《사회과 연구》 제65호, 51~60쪽
- 후지와라 다카아키(2006), "문화마찰의 논점·쟁점을 다룬 수업 만들기 - 교재 개발의 관점",
  고바라 도모유키 편, 《논쟁 문제를 다룬 국제이해 학습의 개발》, 메이지 도서, 17~27쪽

제3부

자료 편

① 한국의 다문화 현황

1) 한국의 외국인 주민 수

❶ 2020년 코로나19의 감염 확대로 국내 출입국 외국인이 급격히 감소했
지만, 2019년에는 3천 5백만 명을 넘어 한국 인구의 62%에 달하는 외
국인이 일시적으로 체류했다. 이러한 일시체류자뿐만 아니라 한국에
장단기로 체류하고 있는 외국인 수도 계속 증가해 2019년에 약 250만
명(전체 인구의 약 4.9%)에 달했다가, 2021년 현재 약 196만 명으로 전
체 인구의 약 3.8%를 차지하고 있다([자료 1] 참조).

[자료 1] 한국 체류 외국인 수

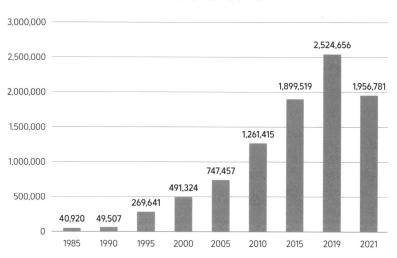

출처: 법무부 '출입국 외국인 정책 통계 연보'(2020)

❷ [자료 1]을 구체적으로 살펴보면, 80년대까지 체류 외국인 중 가장 큰 비중을 차지한 것은 중화민국(이하 대만)이었다. 1985년에 25,008명으로 체류 외국인의 약 61%를 차지한 이들 대부분은 근대 이후 인천항으로 입국하여 차이나타운을 형성한 화교들이 중심이었다. 이후 대만 국적의 체류 외국인은 감소 추세를 보이는데 2002년 영주권 제도의 도입으로 2019년 현재 12,770명이 영주권자로 거주하고 있고, 대만으로 귀국하거나 조금씩 귀화하는 중이다.*

❸ 1992년 한중수교는 체류 외국인 구조에 변화를 가져온다. 제2차 세계대전 이후 지속되던 냉전체제가 1989년 미소 몰타정상회의에서 종식을 선언하고, 소련의 고르바초프의 중국 방문으로 중소관계가 정상화되었고, 1990년 한소수교와 1992년 한중수교가 차례로 수립되었다. 한중수교 이후 1990년 초까지 아시아주계 체류 외국인 2위였던 일본을 대신하여 1995년 중국인민공화국(이하 중국)이 11,825명으로 체류 외국인 2위를 차지하게 되고 이후 빠르게 증가한다.

❹ 한편, 1993년 대전엑스포를 계기로 한국 입국 시 일본인의 단기비자가 일시적으로 면제되고, 이후 매년 연장하는 방식으로 유지되면서 1995년 외국인 입국자 중 일본인 입국자가 가장 많아 1,675,110명으로 전체 입국자의 47%를 차지한다.

❺ 1980년대 후반부터 경제 고도성장에 따라 3D업종 단순 기능 산업인력의 부족 현상이 나타났고, 1990년대 들어서며 이러한 현상이 더욱 심화하자, 정부는 1993년 11월 산업연수제도를 도입했고, 1994년 5월

---

* 법무부(2019), 영주권 제도 개선 추진 보도자료
  http://www.moj.go.kr/bbs/moj/182/490780/artclView.do

제1차 연수생이 입국한다. 1995년 산업연수로 입국한 체류 외국인은 42,716명이고, 중국, 필리핀, 한국계 중국인, 베트남, 인도네시아, 방글라데시(입국자 인원수 순) 등에서 유입되었다.

⑥ 1992년 한중수교 이후 중국인 및 한국계 중국인 동포의 유입이 꾸준히 늘어나는 가운데 2007년 외국국적동포의 방문취업제가 도입되면서 러시아를 비롯하여 CIS국적동포의 유입도 증가하였다. 또한 2002년 월드컵과 한류 열풍, 외국인 유학생 유치 정책, 2003년 고용허가제 도입, 결혼이민자 등으로 2005년 이후 코로나19 발발 전인 2019년까지 체류 외국인이 급격히 증가하였다.

⑦ 코로나19로 국가 간 이동이 제한되면서 2021년 국내 체류 외국인 수도 감소하였는데, 외국인 관광객 등 단기 체류 외국인이 대폭 감소한 것에 비해 외국국적동포나 등록외국인 등 장기 체류 외국인의 감소는 소폭 하락하였다.

2) 국적별 외국인 수

❶ 2020년 현재 한국계 중국인을 포함한 중국이 894,906명(44%)으로 가장 많다. 1992년 한중수교로 중국으로부터 유입이 가속화되었고 그 추세는 현재까지 계속되고 있다. 조선족으로 불리는 한국계 중국인은 중국 중에서도 72.4%(647,576명)으로 주변에서 쉽게 만날 수 있지만, 북한 억양이 섞인 한국어 사용, 중국과 한국의 이중적인 국가정체성, 미디어에 의한 부정적인 면의 부각 등으로 편견, 혐오, 배척 등의 문제를 안고 있다(마음의 벽).

❷ 중국에 이어 베트남, 태국, 미국, 우즈베키스탄, 러시아 순인데, 이들의 입국 배경을 살펴보면 결혼이민자, 산업연수제와 고용허가제에 의해 유

입된 외국인노동자, 방문취업제에 의한 외국국적동포 유입이 증가하고 있다. 베트남은 1994년 산업연수제도로 유입된 외국인노동자가 가장 큰 비중을 차지하는 것에 비해 2020년 현재 결혼이민자가 가장 많지만, 이외에도 전문 취업, 방문 동거, 유학도 증가 추세이다.

❸ 국적별 증가율을 보면 카자흐스탄, 태국, 러시아, 베트남 등의 증가율이 크고, 대만, 인도네시아 등은 소폭 증가하고 있다. 카자흐스탄, 러시아는 2014년 사증면제협정 체결 이후 한국 유입이 급증하고 있다. 코로나19로 2019년에 비해 2020년은 모든 나라로부터의 외국인 유입이 감소했지만, 특히 일본이 48.3%로 가장 큰 감소율을 보였다. 코로나19와 경제규제로 인한 비자 발급의 부활이 감소 배경으로 보인다.

❹ 근대 이후 80년대까지 가장 많은 체류 외국인은 대만이었다. 이들은 화교라고 불리며 인천, 서울, 부산 등에 차이나타운을 형성하지만, 1961년 외국인토지소유 금지법으로 경제적으로 제한받고 한국 국적으로 귀화한 사람도 많다. 화교 중에 유명한 기업인이나 연예인도 있지만, 화교 3세, 4세들은 중국어보다 한국어를 더 잘 구사해서 한국인들과 차이가 없이 보이지 않는 화교로 사는 사람도 많다.

❺ 일본은 80년대까지 대만에 이어 한국 유입이 많은 국가였고, 90년대까지는 종교단체를 통한 국제결혼으로 입국한 경우가 다수를 차지했지만, 1992년 한중수교 이후 중국 출신이 전체의 절반을 넘었고, 90년대 중반 이후 외국인 여성의 출신 국가가 다양해지면서 필리핀, 태국, 몽골 등으로 국적이 확대되었다. 2000년부터는 베트남의 증가세가 눈에 띄는데 2020년에는 중국에 이어 두 번째로 높은 비중을 차지했다.

❻ 국제결혼이 이루어지는 요인으로는 한국 여성의 교육 수준과 사회적 지위 상승, 농촌과 도시의 인구이동, 한류의 영향 등을 꼽을 수 있으며

국적별 등록 수(2020년 말)

1. **중국**(한국계 중국인 포함): 894,906명(44%)

   1992년 한중수교 전인 1990년 147명에 불과했지만, 불과 5년 만에 19,462명에 달하였고, 이후 증가세가 가속화한다. 중국의 경우, 유학이 가장 많고, 영주, 방문동거, 결혼 순이다. 한국계 중국인의 경우, 재외동포가 가장 많고, 방문취업, 영주, 방문동거 순이다.

2. **베트남**: 211,243명(10.4%)

   2000년부터 눈에 띄는 증가세를 보이더니 2010년부터 중국에 이어 두 번째로 높은 비중을 차지하고 있다. 결혼이민이 가장 많고, 일반연수, 전문취업, 방문동거 순이다. 최근에는 유학생도 현저하게 증가하고 있다.

3. **태국**: 181,386명(8.9%)

   1990년대부터 유입되기 시작해서 2005년부터 증가세가 가속화되어 2015년부터 중국, 베트남에 이어 세 번째로 높은 비중을 차지하고 있다. 사증면제가 가장 많고, 비전문취업, 결혼 순이다.

4. **미국**: 145,580명(7.2%)

   80년대는 대만에 이어, 90년대는 중국에 이어 두 번째로 높은 비중을 차지했지만 2015년 이후 베트남, 태국에 비해 감소 추세를 보인다.

5. **우즈베키스탄**: 65,205명(3.2%)

   2003년부터 시행한 '재외동포의 출입국과 법적 지위에 관한 법률 시행령'과 2007년부터 시행한 방문취업제로 고려인들의 유입이 증가하였다.

6. **러시아**: 50,410명(2.5%)

   근대 이후 러시아로 이주했던 고려인들의 유입이 해마다 증가하고 있다. 우즈베키스탄과 마찬가지로 러시아로부터 들어온 고려인들이 서울, 경기, 광주 등 곳곳에 고려인 마을을 형성하고 있다.

이하, 필리핀, 몽골, 캄보디아, 네팔, 인도네시아, 카자흐스탄, 일본 순으로 이어진다.

출처: 법무부 '출입국 외국인 정책 통계 연보'(2020)

한국인 남성과 외국인 여성의 결혼 유형이 가장 많다.

❼ 다문화 공존 사회 구현을 위해 필요한 것은 시민권(국민의 권리와 의무)과 시민의식이며, 시민권의 행사는 참정권의 유무에 달려 있다. 한국에서 외국인 참정권에 대한 논의는 90년대부터 시작되었고, 2005년 공직선거법이 개정되면서 영주권 자격 취득 3년이 경과한 만 18세 이상 외국인에게 지방선거 참정권을 부여했다. 하지만 영주권을 취득하는 외국인의 수가 늘어남에 따라 지방선거 참여를 두고 논쟁이 오가기도 한다(마음의 벽). 한편 외국인 참정권이 부여되었음에도 외국인들의 투표율은 매우 낮은 편이다.

3) 지역별 외국인 주민 수

❶ 외국인 거주지([자료 3])는 경기도가 최대로 2019년 말 현재 414,318명(32.6%)이다. 한국계 중국인이 149,860명(36.15%)으로 가장 높은 비중을 차지하고 있으며 비전문취업, 방문취업, 영주 등의 체류 자격으로 시흥, 부천, 김포 등에 있는 중소기업에서 취업 활동하고 있다. 경기도에서 외국인이 가장 많은 지역은 안산으로 안산 원곡동 외국인 마을은 중국인(한국계 중국인 포함)을 비롯하여 우즈베키스탄, 카자흐스탄에서 온 고려인, 베트남, 태국, 몽골 등 다국적 구성원과 다문화적 생활권을 형성하고 있고, 지자체와 민간단체의 다문화 지원이 활성화되어 있다.

❷ 두 번째로 많은 지역은 서울로 중국, 베트남, 미국, 일본, 대만, 몽골 등 모든 국적의 사람들이 살고 있다. 한국계 중국인이 가장 큰 비중을 차지하고 있고, 방문취업, 영주, 방문동거 등으로 체류하고 있으며, 유학생의 비중도 크다.

지역별 외국인 주민 수(2019년)

1. 경기도 : 414,318명(32.6%)

   안산 56,467명, 시흥 34,697명, 부천 25,689명, 김포 20,335명, 광주 12,986명 순이다.

2. 서울 : 281,876명(22.2%)

   한국계 중국인 115,637명, 중국 66,053명, 베트남 19,122명, 미국 9,636명, 일본 8,696명, 대만 8,687명, 몽골 6,307명에 이어 세계 대부분 국가의 외국인이 살고 있다.

3. 경상도 : 134,242명(10.5%)

   김해 19,013명, 경주 11,794명, 경산 11,713명의 순이고 비전문취업이 가장 높은 비중을 차지하고 있는 한편, 결혼이민과 방문동거의 비중도 높은 편이다.

4. 기타

   충청 111,389명, 인천 72,259명, 전라도 67,712명, 부산 45,999명, 대구 30,191명, 제주 25,668명, 광주 22,825명, 대전 19,109명, 강원도 19,069명 순이다.

출처 : 법무부 '출입국 외국인 정책 통계 연보'(2020)

❸ 세 번째로 많은 지역은 경상도로 고용허가제에 의한 비전문 취업 비중이 가장 높고, 베트남을 비롯한 결혼이민자와 중국, 우즈베키스탄 등의 재외동포들의 방문취업도 많다.

❹ 인천도 한국계 중국인을 포함한 중국과 베트남이 높은 비중을 차지하고 있는 동시에 차이나타운을 형성하여 영주하고 있는 화교들도 많이 살고 있다.

❺ 광역시인 부산, 광주, 대전의 경우, 취업, 결혼 등으로 거주하고 있는 외국인도 많지만 교육기관이 많아 유학생 비중이 가장 높다.

❻ 중국의 무비자 방문이 가능한 제주도는 중국의 비중이 가장 높고, '특정활동' 체류 자격으로 면세점에 고용되어 체류하는 사람도 많다.

4) 어떤 자격을 부여받고 살고 있는가?

❶ '체류 자격'이란 대한민국에 입국하고자 하는 외국인이 갖추어야 할 일정한 자격으로, 대한민국에 체류할 수 있는 기간이 제한되는 '일반 체류 자격'과 대한민국에 영주할 수 있는 '영주 자격'이 있다.

❷ 체류 자격별 통계([자료 4])에서 현저한 경향은 '재외동포'가 큰 폭으로 증가하고 있고, 코로나19로 사증면제, 관광, 단기종합이 큰 폭으로 감소한 가운데, 재외동포와 영주는 소폭 증가하였다. 2022년 1월부터 한국 초·중·고교를 다니고 있는 중국 및 고려인 동포의 미성년 자녀들에게 교육받을 권리 보장을 위해 재외동포 자격을 부여하게 됨에 따라 재외동포의 증가세는 더 커질 것으로 예상된다.

❸ 고용허가제 비전문 취업은 2011년 이후 꾸준히 유지하고 있는 한편, 사증면제는 큰 폭으로 증가세를 보이다가 코로나19로 인해 사증면제가 중지되면서 2020년에는 큰 폭으로 감소하였다.

❹ 영주권 제도는 대한민국 정부수립 이전 국내로 이주했거나 국내에서 출생한 화교의 체류를 보장하기 위해 2002년 4월 도입되었고, 2009년 12월에는 재외동포법상 외국국적동포로서 국적법에 따른 국적취득요건을 갖추면 영주권을 받을 수 있도록 하였다. 2019년 2월 기준 영주권자 현황에 따르면, 외국국적동포가 79,219(55%), 국민의 배우자 및 자녀가 31,685명(22.7%), 화교가 10,909명(7.6%) 순이다.[*]

---

[*] 법무부(2019), '영주권 제도 개선 추진' 보도자료
http://www.moj.go.kr/bbs/moj/182/490780/artclView.do

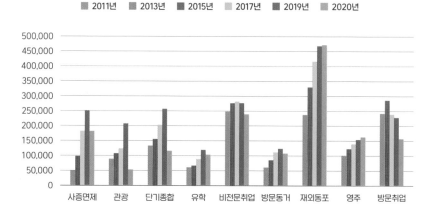

[자료 4] 체류 자격별 현황

출처: 법무부 '출입국 외국인 정책 통계 연보'(2020)

❺ 친지방문, 단기상용 등의 단기종합 자격은 큰 폭으로 증가하고 있는 것에 비해, 외국국적동포의 방문취업은 소폭 감소하였는데, 단기종합 이나 방문취업 모두 자격변경신청을 통해 재외동포 자격을 취득할 수 있다.

❻ 유학도 꾸준히 상승세를 보이면서 2016년에는 유학생 10만 시대에 접 어든다. 교육부는 2023년까지 유학생 20만 명을 유치하겠다는 '스터디 코리아 프로젝트'를 발표했다.

5) 한국어 지도와 습득이 필요한 다문화(이주배경)·외국인 어린이

외국인에 대한 다언어나 쉬운 한국어를 통한 정보 제공, 커뮤니케이션 기 회 증대의 과제, 다문화(이주배경)·외국인 어린이에 대한 한국어 지도, 한 국어 습득이 매우 중요한 과제가 되고 있다.

❶ 중앙다문화교육센터 통계 자료([자료 5])에 따르면 다문화가정 학생 수는 매년 증가하여 2020년 현재 147,378명에 이른다. 그중 국제결혼 가정 국내출생이 113,774명(77.2%), 국제결혼 가정 중도입국이 9,151명(6.2%), 외국인 가정이 24,453명(16.6%)이다. 다문화학생의 부모 출신국은 베트남 31.7%, 중국(한국계 제외) 23.7%, 필리핀 10.3%, 중국(한국계) 8.3%, 일본 5.9%이다.

❷ 제4장에서도 언급했지만, 한국어 지도에 있어서 중요한 것은 일상생활 언어와 학습 언어의 차이를 이해하는 것이다. 일상 회화를 할 수 있다고 해서 교과서에 있는 내용을 이해할 수 있다고 할 수 없다. 학습 언어의 습득은 사회생활상의 개념 등 일상 회화 이상으로 중요하다. 학습 내용을 모르기 때문에 중학교에 진학해서도 등교 거부나 취학 거부의 요인이 된다.

❸ 학습 언어의 습득이 부족하면 부모의 언어와 교육 언어의 습득 수준에 따라서 학습 언어가 둘 다 부족한 상황에 놓이게 되며 중학교에서의 배움과 고등학교로의 진학, 나아가서는 대학 등 고등교육의 기회를 상실하기 쉽다. 또한, 학력 면에서의 지적장애나 언어적 커뮤니케이션 스트레스로 의한 '심적장애', '발달장애' 등의 예도 있어, 한국어교육과 특별 지원 교육의 문제도 제기되고 있다(언어의 벽).

❹ 이러한 문제에 대한 방안으로 교육부에서는 다문화교육 정책학교를 운영하고 있다. 다문화교육 정책학교에서는 다문화학생 맞춤형 지원 강화, 중도입국·외국인학생교육 사각지대 해소, 다문화교육 추진체계 확립을 추진 과제로 '다양한 문화가 공존하는 성숙한 교육환경 구축과 다문화학생 교육기회 보장 및 교육격차 해소'를 위한 다양한 정책을 진행하고 있다. 특히 학교 안에 한국어 학급을 설치하여 입국 초기 중도

입국·외국인학생을 대상으로 맞춤형 한국어교육을 제공하고 있다.

❺ 최근에는 유입 관광객이 많아지고 있으므로 교통안내, 관광·숙소 시설, 병원, 지자체 홈페이지, 재해정보 등 공공시설에서의 다국어 표시가 되어 있는 곳도 있지만, 아직 이해하기 어려운 한글만으로 표시되거나 영어와 중국어만으로 표시되는 경우도 많다. '쉬운 한국어' 표시와 함께 외국인도 이해하기 쉽게 전달하고 안내하는 방법의 모색이 필요하다(언어의 벽).

❻ 태풍이나 집중호우, 신종 코로나 감염 확산(2020년) 등 재해와 실업으로 동반되는 생활비 보상 등의 행정절차에 대해서는 한국에 오랫동안 살아온 외국인과 외국국적 동포에게도 '난해한 한국어'로 쓰인 행정문서는 이해할 수 없거나 복잡한 절차 때문에 보상금을 포기하거나 받지 못하는 예도 있다. 법무사 등에게 중개를 의뢰한다고 해도 생활이 곤란한 사람들에게는 큰 지출이기도 하다(언어의 벽).

❼ 인구절벽 가속화로 저출산 사회에 진입한 한국 사회가 지속되려면 이후에도 외국인노동자(이민)에 의존하지 않을 수 없는 것이 명확하다. 이러한 사람들의 이동은 선진국과 신흥국에 공통된 현상이다. 그중에서 한국이 선택되기 위해서는 한국에 와서 일하고 자녀를 키우고 세대를 이어갈 수 있는 기준을 제시할 필요가 있다. '세 개의 벽' 저편에 있는 평화롭고 공정하고 국적과 민족에 연연하지 않는 한 명 한 명이 살기 좋은 사회, 일하기 좋은 사회야말로 '한국'이라고 대외적으로 나타내야 한다. 우리는 한국을 그러한 사회로 바꾸어가도록 선택해야 할 때가 왔다.

[자료 5] 다문화(이주배경) · 외국인 어린이

중앙다문화교육센터 통계 자료(2020년)

총수: 147,378명(국제결혼가정 국내출생: 113,774명, 국제결혼가정 중도입국: 9,151명,
　　　외국인가정: 24,453명)

① 다문화학생 현황
- 2012년 46,954명(전체 학생 수의 0.7%)
- 2020년 147,378명(전체 학생 수의 2.75%)

② 다문화학생의 부모 출신국
- 베트남 31.7%, 중국(한국계 제외) 23.7%, 필리핀 10.3%, 중국(한국계) 8.3%, 일본 5.9%이다.

③ 학교급별
- 초등학교 107,694명(73%)
- 중학교 26,773명(18.2%)
- 고등학교 12,478명(일반고 7,046명, 특성화고 4,247명, 특목고 676명, 자율고 509명)(8.5%)
- 기타 433명(0.3%)

④ 다문화학생 학업 중단율(2018년)
- 다문화학생 재적 학생 수 122,212명
- 다문화학생 학업 중단자 수 1,263명(1.03%): 초등학교 810명(0.87%), 중학교 243명(1.34%), 고등학교 210(1.91%)
- 학업 중단자 중 부적응 관련 학업 중단 330명(0.27%): 초등학교 102명(0.11%), 중학교 80명(0.44%), 고등학교 148명(1.35%)

출처: '중앙다문화교육센터 다문화교육포털 주요통계'

② 한국의 이민 역사

1) 한국인의 해외 이주*

연도	한국	중국	독립국가연합	일본, 오세아니아, 아시아	북미, 유럽	중남미
1876	강화도 조약, 개항					
1882	임오군란	1863~ 심한 기근; 농민, 노동자들이 기근·빈곤·압정을 피해 이주	1863 함경도, 평안도 농민들이 연해주로 이주			
1897	대한제국 선포					
1901	신한 기근			1910 이전 신학문을 배우러 유학		
1905	을사늑약	1910 심한 기근	1905~1910 러일전쟁 이후 조선 급증; 을사늑약, 군대 해산, 의병 탄압 등으로 정치적 망명; 한인촌 형성		1903~1905 하와이 사탕수수 농장으로 이주; 대부분 20세 독신 남성; 이들의 결혼상대를 위해 한인 여성 이주	1905~1921 멕시코 애니깽 농장 계약 노동자로 이주
1910	한일병합조약	1910~1945 정치적 난민, 독립운동가들이 건너가 독립운동	1911 평톈으로 이민이라는 명분으로 한인촌 강제 철거	1910~1937 일제 통치시기 토지와 생산수단을 빼앗기고 농민, 노동자들이 이주	1905 하와이 이주 금지	1921 쿠바 경제공황으로 외국인노동자 노동정지 조치
			1923	1923 관동대지진 이후 조선인학살	1921	1930 쿠바 국수주의 정책; 한인 쿠바 국적취득
		1931 만주사변				
1945	8.15 광복	1932 만주국 건설; 만주지역 개발 목적으로 대규모 집단 이주	1937 연해주 한인들 중앙아시아 강제 이주	1937 중일전쟁, 강제징용		
				1941 태평양전쟁, 강제징용	1946	1946 쿠바 국수주의 정책; 한인 쿠바 국적취득
1948	대한민국 정부 수립					
1950	한국전쟁 발발	1950 중국인민군 한국전쟁 참전			1946~1964 한국전쟁 전후, 미군과 결혼한 여성, 입양, 유학 등의 목적으로 이주	
1960	4.19혁명				1959 독립 간호사, 광부 파견	1959 쿠바혁명 이후 남한과 쿠바 한인과의 단절
1961	5.16 군사 정변				1963 미국 이민법 개정; 유색 인종 이민 문호 개방	1963~1971 브라질로 농업 이민
1963	제3공화국 발족					
1963	케네디라운드 국교 수립					
1964	한일 파병				1964	
1965	한일기본조약 조인, 국교 정상화			1965	1965 미국 이민법 개정; 유색 인종 이민 문호 개방	
1979	해외 유학정책 완화; 10.26 사건			1967	1967 캐나다 이민법 개정; 유색 인종 이민 문호 개방	
1980	5.18 광주 민주화 운동; 제5공화국 헌법 공포			1970년대 중동, 동남아시아, 호주로 기술자 진출		
				1980 일본 경제호황기; 취업 이민, 유학생 급증		
1990	한·소 수교		1990 한국 기업 러시아 진출			
1991	남북한 유엔 동시 가입		1991 구 소련 해체			
1992	한·중 수교; 한·베 수교	1992 한·중 수교 이후 중국 유학 급증, 한국 기업 중국 진출				
1997	국제통화기금(IMF)에 구제금융 요청			1994 한국 기업 베트남 진출	1997 외환위기, 캐나다 이주 증가	
2000	남북정상회담(김대중·김정일)			1997 외환위기, 뉴질랜드 이주 증가		
2002	월드컵 한일 공동 개최					
2007	제2차 남북정상회담 개최					
2020	코로나19 첫 환자 발생					

* 참고 자료 - 행정안전부 국가기록원, "재외한인의 역사"
- 행정안전부 국가기록원, "기록으로 만나는 대한민국: 한국인, 세계 속에 뿌리내리다"
- "한국의 '오랜' 이방인, 화교의 어제와 오늘", 《신동아》, 2018년 5월호, 244~251쪽

2) 다문화 관련 법제*

1948. 7.12	대한민국 헌법 제정
1948.12.20	국적법 제정
1949	외국인의 입국출국과 등록에 관한 법률 제정, 공포 : 외국인 매년 체류기간 연장 허가제
1950	창고 봉쇄 조치 : 한국전쟁 중 창고 물건 압류
1953	화폐 개혁
1954	김포국제공항 김포출입국관리사무소 개청
1957	무역법 공포 : 화교 상인들의 대외 무역 금지
1961	출입국 및 외국인 등록 업무 이관 : 외무부 → 법무부 외국인토지법 : 외국인들의 토지 취득 금지
1962	서독과 최초 사증면제협정 체결 화폐 개혁 국가유공자 및 월남귀순자 특별원호법
1963	출입국관리법 제정
1967	외국인 토지소유권 규제 완화
1970	짜장면 가격 동결, 중국음식점 내 쌀밥 판매금지 인정과세 실시 : 화교 경제 성장 억제
1979	월남귀순용사특별보상법 제정
1984	전국 출입국관리사무소 온라인 전산망 구축
1987.10.29	헌법 개정
1991	산업연수생제도 도입
1992	난민의 지위에 관한 협약 및 난민의정서 가입
1993	출입국관리법에 난민인정조항 및 절차 마련 귀순북한동포보호법 : 귀순자 대우 전환(국가유공자 → 생활보호 대상자)
1995.1.9	네팔 외국인 근로자 명동성당에서 농성 : 비인간적 대우 항의
1995.2.14	외국인산업기술연수생의 보호 및 관리에 관한 지침 제정
1997	북한이탈주민의 보호 및 정착지원에 관한 법률 제정 국적법 개정 : 양계주의
1999	재외동포 출입국과 법적 지위에 관한 법률 제정 외국인 토지 소유 제한 규정 철폐

2002	외국인등록증과 거소신고증 일제 갱신 작업 영주자격 신설
2003	외국인근로자 고용 등에 관한 법률 제정
2003.11 ~ 2006.12	외국인 산업연수제와 외국인고용허가제 병행 실시
2005	공직선거법 개정 외국인 지방선거 참정권 적용: 영주권 자격 취득 3년 경과한 19세 이상 외국인
2006	외국인 인권 보호 및 권익증진협의회 설치
2007	방문취업제 시행, 출입국·외국인정책본부 출범 재한외국인 처우 기본법 제정 외국인고용허가제로 단일화 북한이탈주민의 보호 및 정착지원에 관한 법률 개정
2008	외국인종합지원서비스 및 외국인종합안내센터 운영 개시 제1차 외국인정책 기본계획 확정
2009	사회통합프로그램 시행
2010	복수국적관련 국적법 개정 국제결혼 안내프로그램 시행 외국인 지문확인 시스템 1단계 구축 및 시행 북한이탈주민의 보호 및 정착지원에 관한 법률 개정
2011	체류외국인 지문등록제 시행
2012	외국인 지문확인 시스템 시행 제2차 외국인정책 기본계획 확정 난민법 제정
2013	난민법 시행
2018	제3차 외국인정책 기본계획 확정 외국인 숙련기능인력 점수제 비자 시행
2020	난민심의과 신설 및 난민과 명칭 변경(난민과 → 난민정책과)

* 참고 자료
    - 법무부 출입국 · 외국인정책본부, 연혁
    - 북한이탈주민의 정착지원 제도 변천과 사회적응교육의 개선 방향, 최은석, 2017년
    - 법제처, 외국인의 지위와 실정법
    - 법제처 국가법령정보센터, 난민법
    - 법제처, 주민투표법

한국 속 다문화 문제

화교

❶ 국경을 넘는 인구이동을 이해하기 위해서는 역사적 배경과 국제적 상황을 살펴볼 필요가 있다. 근대 이후 한반도에 들어온 외국인 가운데 중국화교는 임오군란 발발로 인해 출병을 요청받은 청나라 군대와 함께 들어온 상인들이 인천을 중심으로 개업을 한 이후 오늘에 이른다. 일제강점기에도 한국 내 화교는 증가하였고, 광복 후에는 중국으로부터의 수입을 전담함으로써 경제력이 증가하였다.

❷ 1950년 한국전쟁으로 중국과 단교되면서 중국에서 들어왔던 화교 중 다수는 귀국길에 올랐고, 지금까지 남아 있는 화교들은 대부분은 대만 국적을 가진 사람들이다. 1960년대 화교들의 경제적 확장을 규제하는 차별정책으로 창고 물건을 압수하는 창고봉쇄령이 내려지고, 화교 상인들의 대외무역을 금지하는 무역법이 공포되었다. 이 때문에 중화요리점밖에 운영할 수 없었던 화교들이지만 외국인 토지소유를 규제하는 외국인토지법은 이러한 장사조차 크게 할 수 없도록 했다. 한편 '되놈' '짱깨'라는 혐오의 단어를 통해 화교에 대한 차별과 냉대는 정책뿐만 아니라 일상생활에서도 이루어지고 있었음을 알 수 있다.

❸ 2002년 영주거주비자 제도가 신설되어 거주비자 취득 5년이 지난 외국인에게 발급되었는데, 이때 영주비자를 받은 화교가 많았다. 한국에서 태어나서 한국에서 성장하여 중국어보다 한국어를 더 잘하는 화교 3세들은 중국인-대만인-한국인의 경계에서 정체성 갈등을 겪는 경우가 적지 않은데 이들의 마음이 한국에 뿌리를 내릴 수 있도록 이들을 바라보는 시선의 변화가 필요하다.

❹ 1992년 한국은 중국과 수교하면서 대만과 단교했고, 대부분 대만 국적의 화교들에게 커다란 충격을 안겨주었다. 1992년 한중수교 이후에 중국 본토에서 들어온 중국인들이나 조선족들은 한국 화교에 포함하지 않는다. 현재 1992년 이후 중국 본토에서 들어온 중국인이나 조선족이 한국 체류 외국인 가운데 가장 큰 비중을 차지하고 있지만 미디어에 의해 형성된 부정적 이미지, 코로나 관련 뉴스, 한중 외교관계 악화 등으로 혐오의 대상이 되기도 한다.

결혼이민자

❺ 국제결혼은 송출국과 수용국의 이민체계가 상호 영향을 주면서 발전한다. 한국의 국제결혼은 수용국인 한국 여성의 교육 수준과 사회적 지위 상승, 농촌과 도시의 인구이동, 경제성장 등의 요인과 송출국의 경제적 요구, 한류 영향 등의 요인이 상호작용하여 한국인 남성과 외국인 여성의 결혼 유형이 가장 많다.

❻ 1990년대까지는 종교단체를 통한 국제결혼으로 입국한 일본 여성이 다수를 차지했지만, 2000년대 초부터 중국과 필리핀 국적 결혼이민자의 증가가 두드러졌다. 2020년 현재 중국이 가장 많고, 베트남, 일본, 필리핀이 뒤를 이었다.[*]

❼ 국제결혼은 국제결혼중개업을 통해 이루어지는 경우가 많은데, 2014년에 비해 인권침해적 집단맞선은 감소했지만, 여전히 맞선에서 결혼식까지 기간이 짧았고, 한국인 배우자와 외국인 배우자의 나이 차이

* 2020년 출입국 외국인정책 통계연보

도 컸다.[*] 대부분 결혼한 배우자와 결혼생활을 지속하고 있었지만 '성격 차이'나 '소통의 어려움', '취업 목적' 등의 이유로 결혼생활을 중단하기도 했다.

❽ 국제결혼으로 이루어진 가정을 한국에서는 '다문화가족'이라 칭하고, '다문화가족지원법'을 마련하여 다문화가족 구성원이 안정적인 생활을 할 수 있도록 지원하고 있다. 특히, 이주배경 아동(청소년)의 양육 및 교육을 지원하는 다문화 프로그램이 진행되고 있지만, 이주배경 아동(청소년)은 다문화가족 아동뿐만 아니라 외국인노동자 자녀, 중도입국 청소년, 탈북청소년, 난민 자녀 등 이주배경이 다양해서, 다양한 이주배경과 상황에 적합한 맞춤형 프로그램이 필요하다. 더불어 일반 아동과 부모, 교사 등의 다문화 감수성 교육도 함께 병행되어야 할 것이다.

난민

❾ 한국은 지난 1992년 UN '난민의 지위에 관한 협약(1951년)'과 '난민의 지위에 관한 의정서(1967년)'에 가입했다. 2013년부터 시행된 난민법에 명시된 절차에 따라 난민 신청을 받고 있다.

❿ 2018년 예멘 출신 난민 500여 명이 제주도에 입국하여 한국 정부에 난민 지위 인정을 요청했다. 2013년부터 난민 신청을 받고 있었지만 이처럼 대규모 신청은 특수한 상황으로 한국에서 난민과 이슬람에 대한 논란이 국민청원에 올라갔고, 난민을 반대하는 시위도 일어났다. 2021년 아프가니스탄 탈레반 공세로 아프가니스탄 정부가 탈레반에게 점령

---

* 2021.4.2. 여성가족부 보도자료

http://www.mogef.go.kr/kor/skin/doc.html?fn=a88509c1625f46fc88b6a7df5b19b6a2.hwp&rs=/rsfiles/202211/

되자 대한민국 국군의 아프간 내 활동에 협력했던 일부 아프간인을 구출하면서 난민 문제가 다시 이슈화되었지만, 예멘과는 상황이 달랐기 때문에 비교적 긍정적인 편이었다.

⓫ 한국은 아시아 최초로 독립된 난민법을 시행하여 국제사회에 난민을 포용하는 나라로 알려졌지만 1994년부터 2020년까지 누적 난민 인정 신청 건수는 71,042건이며 인정은 799건에 불과하다. 난민 인정률은 주요 20개국(G20) 중 19위다. 대한민국은 일제강점기와 한국전쟁기에 중국, 러시아, 미국 등지로 흩어져서 난민으로 살아야 했던 아픈 역사가 있다. 선진국 반열에 올라선 지금 과거의 역사를 반추하며 성숙한 시민의식과 인도주의적 관점에서 난민을 받아들여야 할 것이다.

북한 이탈주민

⓬ 북한 이탈주민의 국내 입국 추세는 2000년대 이후 계속 증가하여 2006~2011년에는 연간 2,000~3,000명에 이르다가, 2012년 이후 점차 감소하고 있다. 정부는 「북한이탈주민의 보호 및 정착지원에 관한 법률」에 따라 정착, 주거, 취업, 사회복지, 교육 등 다양한 분야에서 정책적 지원을 시행하고 있다.

⓭ 북한 이탈주민 지원정책에 대해서는 전체 응답자의 87% 이상이 만족한다고 답했지만, 북한 이탈주민 18.5%가 남한으로 이주한 것을 후회한다는 결과가 나왔다.* 후회하는 이유로는 사회적 편견 및 북에 있는 가족과 고향에 대한 그리움 때문이며, 경제적 어려움, 자녀교육에 대한

---

* 서울대학교 통일평화연구원, 북한이탈주민 조사사업 10년 분석 결과, 2022.5.3
https://ipus.snu.ac.kr/blog/archives/conference/6178

불안감도 한국 생활에 어려움을 겪는 원인이다.

⑭ 탈북 1년여 만에 재월북한 탈북민 사건, 캐나다로 난민 신청한 북한 이탈주민 등 '탈남' 현상은 북한 이탈주민 정착 지원제도에 대한 개선의 필요성과 함께, 차별과 편견 없이 북한 이탈주민을 한국 사회 구성원으로 받아들이고 인정하는 포용적 마인드가 필요함을 보여준다.

한국인 이민 역사

❶ 현재 다양한 이동 경로를 통해 한국에 들어와서 살고 있는 다문화 배경 사람들에게 편협한 사고와 태도를 보이는 것은 이민 역사를 가진 우리 스스로 역사를 잊은 행동이다. 1863년부터 1910년까지 기근과 빈곤, 일본 압정으로 인해 중국, 연해주 등으로 많은 농민과 노동자들이 이주하였고, 1903년부터는 하와이 사탕수수 농장과 1905년부터는 멕시코 에니켄 농장의 노동자로 바다를 건넜지만, 그들을 기다리고 있던 것은 노예 생활과 다름없는 처참한 현실이었다.

❷ 1910년 국권피탈 이후에는 경제적 동기 외에 중국, 만주, 러시아 등으로 독립운동을 위한 망명 이민이 급증했다. 한편 한일강제병합 후 토지조사사업으로 토지를 잃은 농민 중에는 일본으로 일자리를 찾아 떠난 사람들이 많았다. 농민 외에도 지리적으로 가까운 경상도, 제주도, 전라도 사람들이 일본으로 많이 건너갔는데, 이들이 다시 같은 지역 출신 사람들을 연결함으로써 일본에 집단거주지역이 형성되었다. 이러한 연고로 도쿄 아라카와구 지역의 피혁공장에는 제주도 출신 조선인이 다수 종사했다.

❸ 1863년부터 함경도, 평안도 농민들은 연해주로 이주하였고, 러시아 또한 연해주 개발을 목적으로 이들에게 호의적이었다. 1904년 러일전쟁,

1905년 을사늑약 이후 일본의 군대해산, 의병탄압 등으로 연해주로 망명하는 사람들이 증가하여 이들은 한인촌을 형성하였다. 하지만 콜레라 근절이라는 명분으로 한인촌을 강제 철거하였고, 1937년 연해주 한인들을 중앙아시아로 강제 이주시키면서 고려인들의 처절한 역사가 시작된다.

❹ 일본의 조선인 차별 문제에서 알 수 있듯이 전쟁이나 분쟁과 같이 국가가 긴장하고 대립할 때, 국수주의적인 인종차별주의로 인하여 권리를 침해받는 것은 그 사회의 소수자이다. 이것은 '표주박나라 문제'의 배경 정보로 알아두면 좋을 것이다.

❺ 한국인 이민사는 전 세계적으로 보면, 영국, 아프리카 대륙, 카리브해·북미 간에 이루어진 18세기 3각 무역 이래의 사람들의 이동, 식민지정책으로부터 계속 이어진 것으로, 중국인이나 인도인과 마찬가지로 19세기에 시작된 세계화의 큰 물결(제국주의 국가의 식민지 획득과 거기에서의 노동)이 초래한 국경 초월 이동의 하나라고 할 수 있다. 이민의 주요 요인은 빈곤과 인구과잉이며 현재의 개발도상국·지역의 상황도 유사하다.

현재의 과제

❶ 이민자들의 정착지에서는 식민지 지배자가 인위적·문화적·정치적으로 '멸망'시킨 원주민이 살고 있으며 〈지배자(유럽 및 미국인, 아시아·태평양의 일부 국가의 경우 일본인)⇔이민(중국인, 인도인, 일본인, 한국인, 아프리카 출신의 흑인 노예 등)⇔원주민(네이티브 아메리칸, 인디오, 하와이안, 아보리지니, 네이티브 폴리네시안 등)〉의 3층으로 된 사회관계가 구조화되어 왔다. 이민의 문제는 현재 포스트 식민지 문제이기도 하다.

❷ 현재 새롭게 유입되는 외국인 수용은, 다분히 한국의 '형편'에 달려 있

다. 외국인의 노동은 한국 기업의 노동력 부족과 인건비 등으로 인한 것이며, 농어촌의 결혼이주여성은 농촌지역의 젊은 인구의 부족에 기인한다. 외국인노동자를 활용 중인 제조업체에서 현장 생산인력 부족 문제가 심각해짐에 따라 정부는 2021년 중 체류 기간이 만료되는 외국인노동자의 체류 기간을 1년 연장하는 긴급조치를 시행하였다. 한국 사회에서 외국인노동자는 제조업체를 비롯하여 농림수산업, 서비스, 간호 등 모든 분야에서 없어서는 안 되는 중요한 인적자원이다.

3) 세계화와 이민

[자료 1] 세계 규모에서 본 국경을 초월하는 인구이동

선진지역(EU, 미국, 일본)
인구 정체, 경제 성장, 산업의 고도화·하이테크화,
부족한 현장 노동자, 고임금, 풍족한 생활

무역흑자, 원조   '벽'

물건의 움직임
(상품, 자금, 기술)

사람의 움직임
(이민, 취업 노동자)

개발도상지역(아프리카, 라틴아메리카, 아시아)
인구폭발, 경제의 정체, 빈곤·실업·저임금, 분쟁,
환경 악화, 무역적자, 누적채무

[자료 2] 빈곤의 와인 글라스

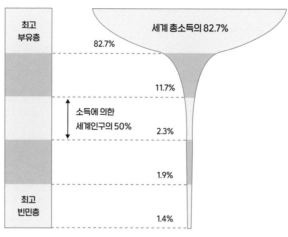

최고
부유층

세계 총소득의 82.7%

82.7%

11.7%

소득에 의한
세계인구의 50%

2.3%

1.9%

최고
빈민층

1.4%

출처: UNDP(1992)

● 설명 ●

❶ 지구 규모로 확대되는 세계화는 현저한 경제 격차를 초래하고 있다.
"빈곤 와인 글라스"(UNDP, 1992)와《세계가 만일 100명의 마을이라면》
(이케다 가요코, 국일미디어, 2002)이 알기 쉽게 지적하고 있는 것처럼,
100명 중 20명이 세계 부의 80%를 소유하고 있다. 경제가 발전하고
인구가 적은 선진지역과 경제가 발전 단계이며 인구가 과잉인 개발도상
지역 간에 성립하는 세계적인 노동력 이동의 모습이다.

❷ 일본에 있어 외국인노동자 문제는 이처럼 국경을 넘는 움직임과 깊은
관련이 있다. 이미 지적되고 있는 것처럼 일본 기업이 1989년 이후 디
플레이션 불황에서 다시 일어선 것은 세계화(시장 경제, 자유 경쟁) 속
에서 일본 정부의 신자유주의적인 규제완화의 움직임과 비정규 고용의
저임금 노동에 의한 비용삭감의 결과이다. 당연하게도 외국인노동자는

아르바이트와 파견노동자, 비정규직 여성과 젊은 층과 함께 지금의 일본 사회 고용과 노동을 저변에서 지탱하고 있다.

❸ 한국과 대만은 한발 앞서 외국인노동자의 유입을 인정했고, 중국의 연안부, 도시부에서의 급속한 경제발전은 도시 부유층의 출현과 함께 생활수준의 향상을 희망하는 농촌 노동자의 국내 이동의 원인이 되었다. 동남아시아 여러 나라도 2015년 말 아세안경제공동체(AEC) 설립을 선언하고 경제상의 국경을 낮추고 무역과 사람의 이동 자유화를 꾀하고 있다. 현재, 대만은 이웃 국가인 미얀마와 캄보디아에서의 노동자가 급증하고 있고 싱가포르도 인도와 방글라데시, 동남아시아 여러 나라에서 온 외국인노동자에게 의존하고 있다.

❹ 영국의 순조로운 경제도 확대된 유럽연합(EU) 속에서 구 동유럽 여러 나라와 발트 해안 국가에서 온 외국인노동자의 증가와 관련이 없지 않지만, 역으로 빈민층의 의지가 작용해 유럽연합에서 이탈을 선택했다. 미국의 트럼프 전 대통령의 이민 배척은 세계화된 노동자의 이동과 그에 대한 반동 작용으로 이해할 수 있다.

❸ 참고, 관련 문헌

이민의 유입, 원주민·소수민족·지배민족과의 민족 관계, 이민자들이 사회에서 직면하고 있는 과제, 다문화주의에 관한 배제와 포용·공생 사고방식에 관한 연구서, 교육서 이외에도 민족지적인 정보와 소수자에 대한 사례연구도 포함해 참고했다.

4
역할
시뮬레이션
카드

제1장 **세 나라** – 표주박나라 이야기

제2장 **인사는 처음이지?** – 타문화 커뮤니케이션

제3장 **축제가 다가왔다** – 축제와 노동

URL: https://blog.naver.com/dabombooks/223280145350

제4장 **표주박나라 교육의 위기** – 교육의 국제화

제5장 **느슨타운을 인정할 수 있을까?** – 거주지역과 비용

제6장 **표주박파워의 소멸?** – 공유재산이란 무엇인가?

제7장 **이주민의 소리** – 12명의 이야기

URL: https://blog.naver.com/dabombooks/223280153437

5
역할
시뮬레이션
동영상
(Youtube)

제1장

세 나라 – 배경 스토리

URL: https://youtu.be/p0ED2F78jXg

제2장

인사는 처음이지?

URL: https://youtu.be/HUpxlmqIk8k

제3장

축제가 다가왔다

URL: https://youtu.be/kZ3xmrAXuXk

제4장

표주박나라 교육의 위기

URL: https://youtu.be/OiAUHapg6j4

제5장

느슨타운을 인정할 수 있을까?

URL: https://youtu.be/cWR0AH-Yv2M

제6장

표주박파워의 소멸?

URL: https://youtu.be/15CyAOCZrGA

김선미 중앙대학교 언어교육원 교수

내가 처음으로 후지와라 교수님을 만난 것은 2009년 일본 나라(奈良)에서 열린 국제이해교육학회의 연구대회에서였습니다. 당시 후지와라 교수님은 연구대회가 열린 도시샤여자대학의 교수로 있으면서 연구대회를 총괄하셨습니다. 이후 학회 활동과 한·중·일 세 나라가 공동으로 진행하는 여러 프로젝트를 함께하면서 지금까지 후지와라 교수님과의 인연을 이어오고 있습니다.

21세기 세계적 상황의 변화에 발맞추어 교육계에서도 '평화교육', '인권교육', '다문화교육', '세계시민교육' 등 새로운 교육 개념들이 강조되고 있습니다. 이에 따라 후지와라 교수님도 '시민성교육', '개발교육', '국제이해교육', '글로벌교육' 등 폭넓은 연구를 해오셨고, 《다문화사회에서 세계시민으로 살기》는 이 연구들의 실천적 결과물이라 할 수 있습니다.

이 책은 현실 사회의 문제를 가상공간의 이야기로 만들어 토론으로 이어지게 하였고, 다시 실제로 공존하는 주변의 사례를 보여줌으로써 여러 가지 자기 정체성을 체험해보게 합니다. 이런 과정을 통해 객관적 시선을 이끌어내는 실천적 커리큘럼이라는 점이 흥미롭습니다. 이론과 개념을 지식으로만 받아들이게 하는 평면적인 전달 교육에서 벗어나 입체적 활동 교육을 통한 학습자의 의식 변화를 지향하고 있습니다.

후지와라 교수님은 이 책 후반부에 일본 사회의 다문화 현황을 정리하면서 일본의 이민 역사도 함께 정리하셨습니다. 지금은 이민 유입국이지만 과거 이민 송출국이었던 일본의 이민 역사를 통해 다문화를 대하는 지금의 일본 사회에 역지사지를 역설하고 싶었던 것 같습니다. 이런 저자의 의도를 한국판에서도 살리고자 일본 관련 내용 대신 한국의 다문화 현황과 한국의 이민 역사를 실었습니다. 과거를 통해 현재를 객관적으로 직시하고 오늘날 한국 사회의 다문화 과정을 이해하는 데 도움이 되길 바랍니다.

다문화사회 문제에 대한 열정과 정성이 고스란히 담겨 있는 《다문화사회에서 세계시민으로 살기》는 다문화 공존을 향한 연대와 다양성의 시각을 갖게 하는 데 유의미한 교재가 될 것입니다.

다문화사회에서
세계시민으로 살기

초판 1쇄 발행 2023년 12월 21일

글 후지와라 다카아키 | **옮김** 세계시민 도서번역연구회(김난영, 이기훈, 김문정, 이선희, 차승연)
감수 유네스코 아시아태평양 국제이해교육원, 김선미
펴낸이 김명희 | **편집** 이은희 | **책임편집** 이지홍, 정다운 편집실 | **디자인** 씨오디

펴낸곳 다봄교육 | **등록** 2011년 6월 15일 제2021-000136호
주소 서울시 마포구 토정로 222 한국출판콘텐츠센터 305호
전화 02-446-0120 | **팩스** 0303-0948-0120
전자우편 dabombook@hanmail.net
인스타그램 @dabom_books

ISBN 979-11-92148-89-2 93300

Hyoutansima mondai by Fujiwara Takaaki
Copyright © 2021 by Fujiwara Takaaki
All rights reserved.
Originally published in Japan by Akashi Shoten
Korean translation rights arranged with Akashi Shoten through WAVE AGENCY.
Korean translation rights © 2023 Dabom Publishing Co.

• 다봄교육은 출판사 다봄의 교육 도서 브랜드입니다.
• 책값은 뒤표지에 있습니다.
• 잘못 만든 책은 구입하신 곳에서 교환해 드립니다.